UNE VIEILLE GÉNÉALOGIE

DE LA

MAISON DE WAVRIN

Publiée avec des notes historiques et héraldiques

SUR

LES SÉNÉCHAUX ET LES CONNÉTABLES

DE FLANDRE

D'après les chartes et les sceaux,

PAR

FÉLIX BRASSART

douaisien

DOUAI

L. CRÉPIN, ÉDITEUR

RUE DE LA MADELEINE, 23.

1877.

GÉNÉALOGIE DE WAVRIN.

UNE VIEILLE GÉNÉALOGIE

DE LA

MAISON DE WAVRIN

Publiée avec des notes historiques et héraldiques

SUR

LES SÉNÉCHAUX ET LES CONNÉTABLES

DE FLANDRE

D'après les chartes et les sceaux,

PAR

Félix BRASSART

douaisien.

DOUAI

L. CRÉPIN, ÉDITEUR

RUE DE LA MADELEINE, 23.

1877.

Mains que le pas !

Cri d'armes de la maison de Wavrin.

Les Chroniques de Bauduin d'Avesnes, cette vaste compilation du XIIIe siècle (1), sont riches surtout en renseignements généalogiques dont une faible partie seulement a été mise au jour (2) ; parmi les généalogies inédites qu'elles renferment, il y a celle de la maison de Wavrin qui, vers 1190, s'allia à la maison de Flandre et occupa pendant longtemps un rang distingué dans nos contrées. Nous emprutons le fragment généalogique qui va suivre aux deux manus-

(1) Voir p. 5 du t. XV des *Souvenirs de la Flandre wallonne*.

(2) Notamment par le baron Leroy, sous ce titre: *Chronicon Balduini Avennensis,* Anvers, 1693, in f₀. C'est une traduction latine du wallon dans lequel avaient été rédigées les Chroniques.

crits de la bibliothèque nationale dont nous avons déjà donné une description sommaire (1).

Le manuscrit français 17 264, datant de 1280 environ, dans un chapitre consacré au comte de Flandre Thierry (1128-1169) et à sa postérité : *Dou conte Thieri de Flandres et de ses hoirs ki de li issirent. Capitles clij* (f° ccv v°, colonne 1), relate, de la manière suivante, l'alliance d'un Wavrin avec une princesse de la maison de Lorraine-Flandre (2).

« Li tiers fius le conte Thierri ot non Pieres, cil fu mis à lettres, il tint puis le uesquié de Cambrai. Car, au tans ke li quens Phelippes, ses freres, tenoit la conté de Flandres apries le mort le conte Thierri son frere (3), morut li uesques Nicholes de Cambrai, ki auoit esté freres mon signeur Gossuin de *Mens*. Cil Pieres, qui estoit freres le conte Phelippe, fu esleus pour lamour de son lignage, car il ne sauoit gaires de lettres, et si ne se uolt onques faire ordener, mais toutes uoies maintint il le uesquié grant pieche (4). A daerrains li prist talens de laissier le clergie, si deuint cheualiers par le conseil le conte Phelippon *de Flandres*, son frere, qui li douna en yretage Saint Venant et Lislers. Apries fist tant li quens

(1) T. XV, pp. 5 et 6 des *Souv. de la Flandre wallonne.*

(2) On sait que nos comtes Thierry et Philippe, désignés, dans la chronologie, sous le surnom d'Alsace, appartiennent à la maison de Lorraine qui règne maintenant en Autriche.

(3) *Sic*; lisez: « père ».

(4) Sous le titre d' « élu » c'est-à-dire d'évêque non consacré. Il ne fut à la tête du diocèse q e depuis 1167 jusqu'en 1174.

Phelippes uiers la contesse de Neuers, qui ueue estoit, ke elle prist à mari mon signeur Pieron, son frere, si ot de li une fille. Me sires Pieres ne uesqui mie longement apries, ains morut, et li quens maria puis sa fille, qui auoit non Sebile, à mon signeur *Robiert de Waurin*, qui estoit senescaus de Flandres. »

Tout ce passage est une traduction libre de Gilbert de Mons, l'historien de Hainaut (1). Le prince Pierre de Flandre, *bail* (régent) du comté de Nevers, à cause de sa femme la comtesse douairière, Mahaut de Bourgogne, était l'héritier présomptif du comté de Flandre, lorsqu'il mourut en 1177; c'est ce décès, survenu avant celui du comte Philippe, mort à la croisade en 1191, qui valut le comté de Flandre à la princesse Marguerite, leur sœur, épouse du comte de Hainaut Bauduin V et mère du célèbre Bauduin de Constantinople. Nous insistons sur ces particularités, afin de démontrer combien était illustre l'alliance que prit un Wavrin, vers l'an 1190.

Le manuscrit 17 264 de la bibliothèque nationale n'en contient pas davantage sur ce sujet; mais il en est autrement du manuscrit 15 460 qui, non-seulement est plus riche en fragments généalogiques , mais aussi continue les générations jusque vers 1295, époque approximative où il fut confectionné. Ce que renferme le manuscrit 17 264, sur le prince Pierre de Flandre, est abrégé dans le manuscrit 15 460; mais la descendance de ce prince et la généalogie de

(1) *Gisleberti Chronicon Hanoniense*, édit Arndt, Hanovre, 1869, in-8, page 80. — Cf. p. 107.

Wavrin sont conduites jusqu'après 1285. Voici du reste ce qu'on y lit, au f° 199 v°, colonne 2, ligne 4.

« Li tiers filz le conte Thieri (de Flandres) ot non Pierres, cil fut clers, puis fut esleus de Cambrai après le uesque Nichole, qui auoit esté frere mons^r Gossuin *de Mons*. Pierres li esleus ne se uot onques faire ordener, car il sauoit pou de 1re. Au derrains, laissa leueschié et deuint cheual^{rs}. Li quens Phelippes li donna Saint Venaut et Lislers, et fist tant uers la contesse de Neuers, qui uesue estoit, quelle print monseignour Pieron, qui ot de li une fille qui ot non Sebille.

» Après la mort monseignour Pieron, maria li quens Phelippe celle à monseignour *Robert de Waurin,* senechal de Flandres, qui ot de li j fil, qui ot non *Hellins*. Il print à femme la serour monseignour Jehan *de Monmiral*, si ot de li ij filz et une fille.

» Li ainsnés des filz ot non *Robers*, il tint la terre après son pere et print à femme la sereur le conte Huon *de Saint Pol* (1), qui auoit esté femme lauoé de Betune, si ot de li j fil et pluseurs filles.

» Li filz ot non *Hellins*, il print à femme la dame *de Malaunoi*, si ot de li j fil et ij filles.

» Entre ces choses, moru lauoeresse de Betune, femme le senechal Robiert, et il reprinst la fille monseigneur Guill^e *de Bethune*, qui auoit esté femme le chastelain de Lisle. Si ot de li j fil, qui ot non *Robers*, et pluseurs filles. Il maria lune à mons^r Rason *de*

(1) Hugues de Chastillon, comte de St-Pol, mort en 1248.

Gaure. Lautre ot messires Jehans *d'Escornai.* La tierce print Érart *de Beure,* sires de Waslers. La quarte ot messires Jehans *de Gaure*, freres mons[r] Rasson.

» Quant li senechaus Robers fut mors, messires Hellins, ses filz, tint sa terre. Il auoit la dame de Malaunoit, si com nous auons dit. Il mena son afaire assès pourement, car il sen debta de ci grant debte, que il ne le pot soustenir, et pour ce quil sen cuida deliurer, il maria lune de ses filles à j riche bourgois d'Arras, qui li paia grant partie de sa debte, mais en la fin ne li aida gaires : car au derrain, li couuint uendre toute sa terre, si que, quant il moru, il ne remest roie de terre de par lui à son fil, fors aucune chose que il reprint par proismeté.

» Nous uous auons dit de ceux qui issirent dou seneschal Robert et de lauoeresse de Betune, et des filles quil ot de la fille monseigneur Guill[e] *de Betune.* Or vous dirons de mons[r] *Hellin*, son frere. Il print à femme la fille lauoé Robert *de Betune*, si ot de li ij filles.

» Nous vous auons dit des ij freres. Or dirons de leur sereur, qui fut mariée à monseign[r] Hellin *de Chysoing.* Messires Hellins ot de li ij filz. Li ainsnés ot non Hellins, et li autres Jehans. Hellins print à femme la sereur mons[r] Rasson *de Gaure* le pere, il ol de li ij filz. Li ainsnés ot non Ernoulz et li autres Hellins. Ernous ot la terre de Chysoing après son pere. »

De ce fragment généalogique ressortent deux faits

importants qui ont passé inaperçus jusqu'ici. Le premier, c'est l'alliance d'un bourgeois d'Arras avec une fille de Wavrin, vers 1280, avec une descendante légitime, au septième degré, du comte de Flandre Thierry. Mais ce que nous appelons, et ce que le XVᵉ siècle déjà appelait une mésalliance, n'était pas rare au XIIIᵉ. C'est ainsi que Marie de Landas, fille d'Amaury, chevalier, sire de Landas, vivant en 1240, et sœur germaine du chevalier Amaury, sire de Landas, vivant en 1260, avait été mariée à Henri Troleit, bourgeois de Lille, dont elle était veuve, avec deux fils, Henri et Andriu, en 1271 (1); un autre Henri Troleit, également bourgeois de Lille, figurait déjà, en 1197, parmi les témoins d'une charte de la comtesse douairière Mahaut (2). En 1276, la demoiselle N..... de Douai, fille du chevalier Pierre, sire de Cantin, et petite-fille de Wautier IV, châtelain de Douai, mort vers 1250, était la femme de Baude d'Arras (3), échevin de Douai en 1274.

Il est certain du reste que la haute bourgeoisie de nos villes, qui faisait le commerce en grand à la façon des patriciens d'Italie, marchait alors de pair avec la noblesse chevaleresque ou militaire.

L'autre fait, c'est qu'Hellin de Wavrin, sénéchal héréditaire de Flandre, aliéna, vers 1282, son office

(1) Bibl. nation., collection Moreau, vol. 196, fo 104 ; copie d'une charte tirée des archives de l'abbaye de Marchiennes.

(2) Arch. départ., fonds de l'abbaye de Loos.

(3) Arch. municip., contrats en chirogr.; Extraits de Guilmot, III, p. 1168.

féodal de la sénéchaussée, tenu du comte de Flandre. Une charte du comte Guy, du 27 juin 1283, nous apprend que c'est ce prince qui s'en était rendu acquéreur, pour en investir l'un de ses fils puinés ; mais, considérant qu'il « est chose profitaule et convegnaule » que la « senescauchie de Flandres demeure et soit » incorporée au comté, il dédommage son fils, ordonnant, dit-il, « ke li devant dite senescauchie, pour le commun profit de nos enfans, soit et demeure à nostre hoir, seigneur et conte de Flandres, kiconques le soit, et à ses hoirs perpetuelment et hiretaulement » (1). Ceci explique comment le comte Louis Ier pouvait donner en fief lige, l'an 1336, à son « féal cousin » le seigneur de Saint-Venant, la « seneschaucie » de Flandre , en récompense de services rendus « à la guerre, au tournoi et en toute autre maniere, contre touz et vers touz » (2). Ce seigneur de Saint-Venant s'appelait Robert de Wavrin et appartenait à une branche cadette de cette maison; il fut maréchal de France en 1346 et mourut vers 1370 laissant une fille pour héritière ; de sorte que l'office de sénéchal de Flandre (s'il appartenait encore alors au sire de Saint-Venant) fit de nouveau

(1) Reiffenberg, *Monum. pour servir à l'hist. des prov. de Namur* etc., Bruxelles, 1844, in-4, I, pp. 193-194.

En 1284, le comte Guy servait à « Marie, dame de Malannoi, veve de noble home mon segneur Hellin de Wavrin, jadis senescal de Flandres », une rente de 50 livres « par raison de douaire ». Archives départ., chambre des comptes, carton B 214, pièce 2578, et carton B 219, pièce 2607 (quittances).

(2) Arch. départ., chambre des comptes, carton B 744, pièce no 7115.

retour au domaine, attendu que l'inféodation de l'an
1336 portait qu'elle n'était faite qu'au donataire « et
à son hoir malle nei de son corps seulement ».

Néanmoins on trouve répété partout que la sénéchaussée de Flandre fut de tout temps annexée à la
terre de Wavrin, en la châtellenie de Lille ; et même,
dans le dénombrement de Wavrin, servi le 1ᵉʳ janvier 1591 (1), « Marguerite, comtesse de Lalaing,
dame baronne de Wavrin, » prend le titre de « senes-
challe de Flandres; » seulement, dans la longue
énumération des droits dépendant de la baronnie de
Wavrin, il n'y a ni un seul article ni une simple
ligne relative à des droits utiles ou honorifiques qui
auraient résulté de la sénéchaussée de Flandre. Ce
que nous pouvons affirmer encore, c'est que les successeurs de celui qui avait vendu son office de sénéchal, vers 1282, ne prirent plus ce titre-là, pas plus
les sires de Wavrin et de Lillers du XIVᵉ siècle, que
le dernier seigneur de Wavrin, de la seconde maison,
décédé en 1500; mais le titre réapparaît sur l'épitaphe
de Charles II, comte de Lalaing, mort en 1558 : au
bout de près de trois siècles, on avait donc pensé à
exhumer un vain titre, pour la possession duquel on
eût été bien embarrassé de faire ses preuves.

Le curieux fragment généalogique contenu dans
les Chroniques *dites* de Bauduin d'Avesnes est resté
inconnu à feu M. Goethals, le généalogiste bruxellois,
auteur de l'*Histoire généalogique de la maison de*

(1) Bib. nation., collection des 182 Colbert-Flandres, vol. 57,
fo 247.

Wavrin (Bruxelles, 1866, in-4), travail riche en renseignements inédits tirés des archives municipales de
Douai et de Lille, mais où les premiers degrés four-
millent d'inexactitudes ; en effet, au lieu de recourir
aux chartes du XIIᵉ siècle, qui abondent en données
nouvelles sur la maison des sénéchaux de Flandre,
on s'est contenté de chercher à mettre d'accord (chose
impossible) les travaux des généalogistes précédents.
C'est ce système défectueux qui a conduit Goethals à
affirmer qu'un seigneur « eut en même temps deux
femmes légitimes ! » (page 17) et à « reconnaître
un cas de polygamie toléré par l'Eglise ! » (page 19),
et cela, à l'époque où le saint-siège demeurait inflexi-
ble à l'égard d'un roi de France (Philippe Auguste),
qui sollicitait, non point d'être polygame, mais seulement de pouvoir briser ou annuler une union mal-
heureuse ! Les préjugés sur la prétendue « barbarie »
des temps anciens sont tellement enracinés qu'ils per-
sistent souvent même chez des personnes qui se sont
occupées de recherches historiques.

Sans prétendre refaire une « Histoire généalogique
de la maison de Wavrin », nous exposerons briève-
ment le résultat de nos propres investigations sur un
sujet qui intéresse l'histoire de notre région, depuis
le XIᵉ siècle jusqu'au XVᵉ.

Ainsi que l'ont établi Goethals et ses prédécesseurs,
la généalogie de cette antique maison ne commence
qu'avec *Roger* de Wavrin, qui apparaît vers 1135 et
devient sénéchal de Flandre vers 1157; mais ce glo-
rieux nom se retrouve un siècle plus tôt. En effet, un

autre *Roger* de Wavrin (*de Waurinio*), que nous
appellerons Roger Iᵉʳ, assiste, vers l'an 1020, à Saint-
Amand (*Elnone monasterio*), à la donation de la
villa de Bouvines (*Boviniae*), qu'un seigneur nommé
Ernaut (*Hernoldus* ou *Ernoldus*) et sa femme Richaut
(*Richéldis*) font au profit de l'abbaye, en présence du
comte de Flandre Bauduin, de l'avoué Raoul (*advo-
catus noster Rodulfus*), de l'évêque de Noyon et de
Tournai Hugues et de l'abbé de Saint-Amand *Malbal-
dus*. Dans la liste des témoins, Roger de Wavrin est
cité après Ernaut (*hujus traditionis auctor*); viennent
ensuite : Roger d'Esplechin (*de Spelcin*), *Gerulphus*
et *Gossuinus* de Tournai, etc (1).

Vers l'an 1100, il y eut un autre *Roger* de Wavrin,
que nous appellerons Roger II, qui ne vivait plus en
1107 et qui très-probablement avait été le premier
époux d'Emma *dite* Comtesse *de Valenciennes*, fille
d'Isaac et de Mathilde : cela résulte d'une charte de
l'an 1107 (2), par laquelle cette dame (*ego Emmissa
quae cognominor Comitissa*), devenue femme de Fas-
tré du Fossé, donne à l'abbaye de Saint-Jean de Va-

---

(1) Archives départ., *Liber albus* de St-Amand, XIIIᵉ siècle, fᵒ iiijˣˣ
vᵒ, pièce cix.
L'acte, ou du moins sa copie, est mal daté; au lieu de : M.II, on
doit probablement lire : M.XX.

(2) Arch. départ., fonds de St-Jean, original scellé par le comte,
— Cf. Demay, *Invent. des sceaux de la Flandre*, Paris, 1873, in-4,
I, nᵒ 195.
L'acte est ainsi daté: *M. C. VIIᵒ, indictione II*; mais l'indiction
est fausse: il devrait y avoir XV.

lenciennes une part de son tonlieu de cette ville,
qu'elle tenait en fief (*beneficium*) du comte; cette donation, elle la fait pour le salut de son âme, de son
père et de sa mère, de son défunt seigneur (*pro salute
domini mei karissimi* Rogeri *scilicet* de Wavring)
et de tous ses « antécesseurs ». Là était présent le
comte de Mons (et de Valenciennes, ou de Hainaut)
Bauduin, accompagné de ses vassaux : Godefroid et
Hugues, châtelains de Valenciennes, *Gotzewinus*
(sire ou baron) d'Avesnes, Godefroid de *Arescod*,
Baudry de Roisin (*Baldricus de Rosgin*) etc. Emma
de Valenciennes descendait des anciens châtelains
plutôt que des comtes de cette ville; Isaac (son père
probablement) était châtelain de Valenciennes en
1065 et 1066. Comtesse est ici un surnom et nullement
un titre; au XIII⁰ siècle, on en usait comme d'un
prénom; ainsi nous avons trouvé : en 1213, *Comitissa* de Lambres, tante paternelle (*amita*) du chevalier Pierre, sire de Lambres, et qui venait de mourir
converse en l'abbaye des bénédictins de Saint-
André du Cateau-Cambrésis (1); et en 1249, Comtesse de Gœulzin (*domicella Comitissa de Guelsin*),
sœur de feu sire Eustache de Gœulzin, chanoine de
Cambrai (2).

Quant à Emma ou Comtesse de Valenciennes, elle

----

(1) Arch. départ., fonds de St-André.
(2) Arch. du parlem. de Fl., fonds de la gouvern. de Douai,
liasse de minutes « extenduee », Cantin, 1751; copies prises sur
des chartes originales conservées alors à l'abbaye du Verger.

vivait encore en 1139 et en 1143 (1), étant alors remariée, très-probablement en troisièmes noces, avec
Godefroid d'Arschot (*Arescod* ou *Arescoth*).

Suivant toute probabilité, Roger Ier et Roger II
sont des ascendants de Roger III, et Roger II était le
père de Roger III, lequel avait pour mère Emma dite
Comtesse de Valenciennes ; mais comme ces généra-
tions-là ne sont pas, à notre connaissance, établies
sur titres, il vaut mieux continuer à ne marquer
les degrés qu'avec Roger III de Wavrin, créé sénéchal de Flandre vers 1156.

On sait que la sénéchaussée de Flandre a été possédée par des personnages de familles diverses avant
d'arriver aux Wavrin. Selon les Chroniques dites de
Bauduin d'Avesnes, l'assassin de l'archevêque de
Reims Foulques, en l'an 900, était « Wanemers de Lislers, senechaus de Flandres, » vassal du comte Bauduin
le Chauve (2). Thierry fut sénéchal en 1066 et 1072 ;
Onulfus (d'Aire) en 1075 ; Wautier en 1085 ; *Onulfus* en 1093 et 1102 ; une charte de l'an 1093 le dé-

---

(1) Bbl. nation., collection Moreau, vol. 58, f⁰ 128, et vol. 60,
f⁰ 208 ; d'après des chartes originales conservées dans les archives
de l'abbaye St-Jean de Valenciennes et de Vicogne.

(2) Bibl. nation., Ms.fr. 15460, f⁰ 84 v⁰, col. 2.

L'auteur des *Annales Vedastini*, contemporain de l'assassinat,
appelle l'assassin *Winehmarus*. (L'abbé Dehaisnes, *Les Annales de
St-Bertin et de St-Vaast*, Paris, 1871, in-8⁰, p. 359.) Flodoard
(Lejeane, *Hist. de l'église de Reims, par Flodoard*, Reims, 1854,
in-8⁰, I, pp. 500-501) et Richer (Guadet, *Richer, Hist. de son
temps*, Paris, 1845, in-8⁰, I, pp. 42 et 44) le nomment aussi *Wine-
marus*.

signe ainsi : *Onulfus dapifer Ariae*. Regnier est sénéchal en 1106 et en 1112. Dans une charte passée à Ypres vers l'an 1112, Regnier et Willaume sont l'un et l'autre qualifiés *dapifer*. A Bergues, le 9 janvier 1114, Willaume figure comme sénéchal. Bauduin de Lens était sénéchal en 1120 et 1128; le châtelain d'Arras Bauduin était son neveu ou son petit-fils (*nepos*). En 1139, à Bruges, Thibaut est qualifié sénéchal (*Tietbaldus dapifer*). En 1145, Ansiau (*Anselmus*) et Thibaut sont l'un et l'autre sénéchal. Le sénéchal Ansiau est appelé de Bapaume (*Ansellus dapifer de Batpalmis*) dans une charte de la même année. On trouve, en 1146, le sénéchal Bauduin. La même année, on retrouve à Bruges le sénéchal Ansiau, qu'une charte de l'an 1147 appelle Ansiau d'Ypres (*Anselmus dapifer de Ipres*), et une autre, de l'année suivante, Ansiau de Housdain (*Anselmus de Husdenio, nobilis vir et dapifer noster*) ; il était seigneur d'Houdain en Artois et époux d'Aiglina de Saint-Pol, fille de Hugues III, comte de Saint-Pol. En 1151, c'est Gilbert de Bergues (*Giselbertis de Bergis*) qui est sénéchal, celui que des chartes des années 1160 et 1177 appellent Gilbert d'Aire, sénéchal. A Gand, en 1156, figure comme sénéchal Steppon d'Alost (*Steppo dapifer de Alost*). Il résulte aussi de tous ces renseignements, tirés des chartes des comtes de Flandre, que ceux-ci avaient, au XII⁰ siècle, plusieurs sénéchaux.

Branche aînée de Wavrin (1).

I. ROGER III de Wavrin, chevalier, sénéchal de
Flandre en 1156 et en 1168; présumé fils de *Roger II* et d'Emma *dite* Comtesse de Valenciennes.

Vers 1146, il eut l'honneur de poser la première
pierre de l'abbaye de Loos, fondée par son maître le
comte Thierry ; la seconde fut posée par le seigneur
du Maisnil (titre de l'abbaye de Loos, de l'an 1203).

Sa femme s'appelait Mathilde (1157, titre de l'abbaye de Loos).

Il eut plusieurs enfants, notamment :

1° Hellin, qui suit.

2° *Gille* de Wavrin, cité en 1157 (titre de
l'abbaye de Loos).

3° *Roger* de Wavrin, chanoine en 1169
(titre de l'abbaye de Liessies), archidiacre en
1177 (*Rogerus archid*⁸, *frater meus ;* charte
de Vaucelles émanée du sénéchal *Hellin* Iᵉʳ),
évêque de Cambrai, la même année, mort à
la croisade en 1191.

D'après la *Gallia christiana*, sa mère aurait été Isabeau *de Béthune*.

Il eut pour successeur à l'évêché (selon Gil-

---

(1) Ce travail généalogique s'appuyant presque exclusivement
sur des titres, c'est à dessein que l'auteur a négligé quantité d'as-
sertions de généalogistes antérieurs, dont quelques-unes sont peut.
être exactes, mais qui n'ont pu être vérifiées.

bert de Mons) son neveu Jean , archidiacre de Cambrai, que Carpentier (*Histoire de Cambray*, I, page 369, et II, page 91) dit appartenir à la maison d'Antoing-Espinoy : cette affirmation nous semble en désaccord avec les chartes.

4° *Robert* de Wavrin *dit* l'oncle et de Sainghin , chevalier en 1169 (d'après le titre de l'abbaye de Liessies, où il est cité après son frère Roger). Il épousa (d'après un titre de 1177 de l'abbaye de Saint-Vaast d'Arras) la veuve d'un châtelain de Lille : c'était Adèle *de Guînes*, fille d'Arnoul I, comte de Guînes, et de Mahaut *de Saint-Omer*, et veuve de Renaud II, châtelain de Lille , mort vers 1163 (1). Sa femme était douairière de la terre de Sainghin en Weppes, domaine des antiques châtelains de Lille.

Il alla à la croisade où mourut son frère aîné le sénéchal *Hellin I*, son frère l'évêque, ainsi que son seigneur le comte Philippe de Flandre (1191), après le décès duquel il suivit le parti du roi Philippe Auguste contre le comte de Hainaut Bauduin V (2). « Robert l'oncle de Wavrin » vivait encore en 1209.

5° *Gossuin* de Wavrin , chevalier (*miles*

---

(1) Leuridan, *Les Châtelains de Lille*, Lille, 1873, in-8, p. 115.

(2) Chronique de Gilbert de Mons : *Robertus de Waurin, Hellini senescalci frater*. Dans l'édition du marquis de Godefroy-Ménilglaise (II, p. 425), il est confondu avec son neveu le sénéchal *Robert I*.

probus) et vassal du comte de Hainaut, qui le maria, vers 1185, avec sa cousine Ada *de Hainaut* dit *du Rœulx*, fille du prince Eustache *de Hainaut* et de Marie, dame *du Rœulx*; elle avait épousé, en premières noces, le chevalier Nicolas de Boulers et en secondes noces le chevalier Druon de Bousies (Chronique de Gilbert de Mons).

6º *Mathilde* de Wavrin, femme de Renaud, châtelain *de Lille*, (1) vivants en 1157 ; cette dame avait reçu en douaire la seigneurie de Sainghin en Weppes, relevant de Lens (titre de l'église d'Arras).

7º *A.* de Wavrin, épouse du chevalier N..... *de Meallens*, dont elle était veuve en 1193 (titre du chapitre de Lille).

8º *Y.* de Wavrin, épouse de Gosselin (2), sire d'*Antoing* et d'Espinoy (*de Spineto*), dont elle était veuve en 1193 (id).

Dans une charte du 17 septembre 1196, elle

---

(1) Ce devait être sa première femme. Cf. Leuridan, p. 115.

(2) Alard II, sire d'Espinoy et d'Antoing en 1169, époux de Cécile, eut trois fils : Gosselin, Willaume et Hugues, dont le premier et le troisième lui succédèrent tour à tour ; Gosselin épousa la fille de Wavrin ; quant à Hugues, encore pauvre chevalier en 1184, du vivant d'un frère aîné, il devint sire d'Espinoy et d'Antoing et épousa Agnès de Mons. (CollectionMoreau, vol. 76, fo 69. -- Chronique de Gilbert de Mons, édit. Godefroy-Ménilglaise, Tournai, 1874, in-8º, I, pp. 84 et 286. — Vos, *L'Abbaye de Saint-Médard*, Tournai, 1873, in 8o, II, Cartulaire, pp. 77, 104, etc).

est nommée Ansilie (*domina Ansilia, nobilis mulier de Spineto*); ses héritiers apparents étaient alors ses frères *Robert* et *Gossuin* et son neveu *Hellin* de Wavrin. (1)

II. Hellin I de Wavrin, sénéchal de Flandre, en 1164 et 1168 (en même temps que son père), mort à la croisade en 1191.

Son sceau, non armorial, représente une aigle empiétant un dragon ; il y est qualifié Hellin de Wavrin (cf. Demay, n° 375).

Il épousa Torsiau (*Torsella*) *d'Arras*, fille du chevalier Alelme, avec laquelle il vivait en 1177. (2) C'est le seigneur qui, d'après Goethals (pages 17 et 19), aurait été légitimement polygame !

Il eut plusieurs enfants, notamment :

1° *Philippe* de Wavrin, mort jeune, cité dans la charte paternelle en faveur de l'abbaye de Vaucelles, de l'an 1177, charte en laquelle le sénéchal agit comme seigneur d'Heudicourt près de Péronne. Voici des extraits de cet acte:

.... *Ego* Hellinus, dapifer Flandrensis,..... *assensu* Torsellae, *uxoris meae*, *et* Philippi, *filii mei, caeterorumque liberorum meorum*, *concedentibus etiam comite Flandrensi et comitissa, concessi*..... *Testium idoneorum subs-*

---

(1) Van Lokeren, *Chartes et docum. de l'abbaye de Saint-Pierre*, Gand, 1868, in-8°; n° 374.

Cet acte prouve que le sénéchal Robert I était déjà mort.

(2) Cf. 1er cartul. d'Artois, pièce 110, f° 46, aux archives départ. à Lille.

criptione firmamus : Rogerus *archid*ˢ, *f*ʳ *m*ˢ. *Egidius de Gund*ᶜᵘʳᵗ. Robertus, *f*ʳ *ejus.* Robertus , major de Heldicurt, et Walterus , *f*ʳ *ejus...* (1).

2° Robert, qui suit.

3° Hellin, qui fut seigneur d'Heudicourt et auteur de la branche de Waziers.

4° *Hildrade* de **Wavrin**, nommée en 1193 (titre du chapitre de Lille).

5° *Marie* de **Wavrin** (id.).

6° *Ada* de **Wavrin** (id.).

III. Robert I de **Wavrin**, chevalier, sénéchal de Flandre, épousa la princesse Sibille *de Flandre*, dame de Lillers et de Saint-Venant, qu'il nomme dans sa charte de l'an 1193 (titre du chapitre de Lille). Son sceau armorial est à l'aigle ; il y est qualifié : Robert de *Wavring*, sénéchal de Flandre, sire de Lillers (cf. Demay, n° 376); son contre-sceau, également armorial, est à l'orle (blason un peu différent de celui qui bientôt fut définitivement adopté par sa noble maison), avec une légende (+ *s' . Roberti . de . Wavrig*) plus appropriée à un sceau même qu'à un contre-sceau.

Il mourut vers 1196, avant le 17 septembre, ainsi qu'il résulte de la charte de sa sœur *Ansilie*, douai-

(1) Dans d'autres titres du fonds de Vaucelles, il est question, en 1197, de *Walterus miles de Heudincourt, cognomento Trossel,* et de son fils aîné *Hellinus,* et en 1198, de *Robertus, major de Heu. dincurt,* vassal du seigneur d'Heudicourt.

rière d'Espinoy. Une charte du comte Bauduin, de
l'an 1197, concernant sa cousine germaine Sibille
(*Sibilla, cognata mea, Petri quondam Nivernensis
filia comitis*), prouve que le sénéchal Robert n'existait plus alors (titre de l'abbaye de Saint-Amand).
Elle survécut longtemps à son époux dont elle n'eut
qu'un fils, qui suit.

IV. Hellin II de Wavrin, chevalier (dès l'an 1214),
sénéchal de Flandre, épousa Isabeau *de Montmirail*,
fille de Jean, sire de Montmirail et d'Oisy, châtelain
de Cambrai, mort vers 1210, et de dame Hawit (en
latin *Helvidis*).

Il fut l'un des « haus homes » qui accompagnè-
rent le prince Louis (depuis Louis VIII) à sa seconde
expédition en Angleterre, le 24 mars 1216 (v. st.) (1).

En 1218, sa mère lui abandonna les biens de Bourgogne, qu'elle tenait elle-même du chef de sa mère,
Mahaut de Bourgogne, priant le duc de Bourgogne
de recevoir l'hommage du sénéchal Hellin, son fils
unique (2). Sibille de Flandre vivait encore en 1231
(titre de l'abbaye de Loos).

Dans un titre de l'an 1214, il est surnommé « le
jeune » (*junior*), à cause de son âge ; dans un autre,
de l'année suivante, il se qualifie « le neveu » (*nepos*), à cause de son oncle *Hellin* de Wavrin, sire de
Heudincourt (voir branche de Waziers, III). Il se

(1) *Hist. des ducs de Normandie et des rois d'Angleterre*, édit.
Fr. Michel, Paris, 1840, in-8°, p 188.

(2) Bibl. nation., cabinet des titres : *Wavrin;* simple note.

servait alors d'un sceau à l'aigle non héraldique avec un contre-sceau aux pleines armes de sa maison (un écusson en abîme) ; sur son sceau, il est qualifié : *Hellin* de Wavrin, sénéchal de Flandre (1).

Isabeau (*Ysabella, senescalca Flandrensis*) est indiquée comme veuve d'*Hellin*, sénéchal de Flandre, fils de Sibille, dame de Lillers, dans un acte du 16 mars 1222 (vieux style; titre de l'abbaye des Prés de Douai).

Hellin II avait laissé trois enfants :

1° Robert, qui suit.

2° *Hellin* de Wavrin, chevalier, sire de Haponlieu (près de Dourges, en la châtellenie de Lens), épousa Isabeau *de Béthune*, fille de Robert, sire *de Béthune* et de Termonde, et d'Isabeau *de Moreaumez*. On sait que Guy de Dampierre, le futur comte de Flandre, avait épousé la sœur aînée d'Isabeau. Cette dame était veuve, avec enfants, de Jean de Steelant, avoué d'Usse; elle épousa, en troisième noces, Hugues, sire d'Antoing, veuf de *Sibille* de Wavrin, citée ci-dessous (V 2°).

En 1243, il vendit ses biens de Bourgogne au duc Hugues IV.

Le sceau armorial de ce seigneur, appendu à un acte passé à Paris, en janvier 1245 (v.

---

(1) *Layettes du Trésor des chartes*, Paris, 1863, in-4°, I, pp. 411, 412, 421, etc. — Douët d'Arcq, *Collection de sceaux*, Paris, 1863, in-4°, I, p. 311, n° 309.

st.), et dans lequel il se qualifie : frère du sénéchal de Flandre, montre qu'il brisait l'écusson en abîme des Wavrin d'un lambel de quatre pendants (Douet d'Arcq, n° 3830).

Il eut un fils mort sans postérité et deux filles :

A. *Robert* de Wavrin, sire de Haponlieu, qui testa en 1269 (Goethals, page 34).

B. *Sibille* de Wavrin, dame de Haponlieu, mariée : 1° à Bauduin *de Rume*, avec lequel elle vivait en 1270 (titre de l'abbaye de Flines), fils de Jean et de Béatrix *d'Antoing ;* 2° à Jean, chevalier, sire *de Maignelers*, en 1282 (titre d'Hénin-Liétard).

C. *N*... de Wavrin.

3° *N*... de Wavrin, épousa Hellin, sire *de Cysoing*.

V. Robert II de Wavrin, chevalier, sénéchal de Flandre dès l'an 1235, sire de Lillers et de Saint-Venant, épousa : 1° Eustachie *de Chastillon*, fille de Gauthier, seigneur de Châtillon, et d'Isabeau, comtesse *de Saint-Pol*, et veuve sans enfant, en 1226 et 1232, de Daniel, sire de Béthune, avoué d'Arras, qui vivait avec elle en 1217 ; 2° vers 1245, Mahaut *de Béthune*, fille de Guillaume et d'Isabeau, dame *de Pontrohart*, et veuve avec enfants de Jean II, châtelain de Lille et de Péronne.

Il se servit longtemps d'un sceau et d'un contre-sceau semblables à ceux de son père (cf. Douët d'Arcq, nº 310) ; mais en 1259, il avait adopté, pour son sceau, le type équestre avec le bouclier aux armes, le contre-sceau étant armorial (titre du 31 octobre, dans le fonds de l'abbaye de Loos).

Il mourut vers 1273, ayant eu des enfants de ses deux femmes.

Du premier lit :

1º Hellin, qui suit.

2º *N....* de Wavrin, mineure en 1241 et fiancée au fils aîné, également mineur, de Jean II, châtelain de Lille et de Péronne. Cette union ne s'accomplit pas.

3º *Sibille* de Wavrin épousa Hugues, sire *d'Antoing* et d'Espinoy, prévôt de Douai, fils d'Hugues, sire d'Antoing, etc., et de Philippa *de Harnes.* Le sire d'Antoing se remaria à la veuve de son bel-oncle *Hellin* de Wavrin, cité ci-dessus (IV 2º).

Du second lit :

4º Robert, auteur de l'illustre branche de Saint-Venant, restée inconnue à Goethals.

5º *N....* de Wavrin, mariée à Rasse *de Gavre.*

6º *Willelmine* de Wavrin, épouse de Jean *de Gavre,* sire d'Escornaix, avec lequel elle vivait en 1298 (titre de la chambre des comptes).

7º *Isabeau* de Wavrin, mariée à Erar, sire *de Beveren* et de Wallers, châtelain de Dixmude, avec lequel elle vivait en 1293.

8° *N*... de Wavrin, épouse de Jean *de Gavre,* frère de Rasse nommé ci-dessus.

VI. Hellin III de Wavrin, chevalier, sénéchal de Flandre, sire de Lillers, épousa Marie, dame *de Malannoy,* et mourut vers 1284.

En mars 1259 (v. st.), « Hellin de Wavrin, chevalier, fils de Robert, sénéchal de Flandres », vendait ses biens de Bourgogne (provenus de la princesse Sibille de Flandre, sa bisaïeule) au duc Hugues IV, en promettant une « garantie contre ses frères et sœurs » (cabinet des titres).

C'est celui qui, ayant mené « son afaire assès povrement », fut contraint de vendre la sénéchaussée de Flandre.

En 1284, sa veuve touchait du comte de Flandre une rente de cinquante livres pour son douaire ; son sceau représente une dame élevant de la main sénestre un écu de Wavrin (quittances du 6 août et du 26 décembre ; chambre des comptes, carton B 214, pièce 2578, et carton B 219, pièce 2607).

Après plus de dix-huit ans de veuvage, la « dame de Wavrin et de Malannoy » paraît s'être remariée, et l'acte anténuptial qu'elle fit avec le chevalier Simon de Cinqourmes fut passé devant le comte d'Artois, le 7 juin 1302 ; le futur s'engageait à « adhériter » cette dame de la terre que le comte lui avait donnée, située dans le bailliage de Lens, ayant appartenu aux hoirs d'Auchy et valant cent livres de rente ; étant conditionné que si elle survivait et qu'ils n'aient

pas d'enfant, la terre reviendait au comte après le
décès de cette dame ; il était en outre tenu d'acheter
de ses deniers, en Flandre ou en Artois, une terre de
200 livres de rente. Jean Crespin (1), oncle de ladite
dame, est nommé dans l'acte. (Godefroy, Inventaire
des chartes d'Artois dressé en 1788, II, pages 469-
470, années 1288-1303, Ms. des archives départe-
mentales à Lille).

Hellin III laissa un fils et plusieurs filles :

    1º Robert, qui suit.

    2º D^{elle} *N....* de Wavrin.

    3º *N....* de Wavrin, mariée à N... N...,
    « un riche bourgois d'Arras, » qui paya « grant
    partie » des dettes de son noble beau-père.
    Serait-ce un Crespin d'Arras ?

VII. Robert III, chevalier, sire de Wavrin, de
Lillers et de Malannoy. Il paraît être mort avant 1304.

L'an 1293, le samedi (6 juin) « devant le fieste
saint Barnabé apostele, » il garantit le comte Guy qui
s'était rendu sa caution, pour 605 livres, envers
Pierre Hukedieu, Jean et Robert Cosset et autres in-
dividus d'Arras ; sa charte débute ainsi : « Jou
Robiers, sires de Wavrin et de Malansnoy ; » elle
est munie d'un très-joli sceau équestre, représentant
un cavalier courant à gauche, le bouclier et la housse
aux armes pleines de Wavrin ; il reste la légende

(1) Les Crespin étaient, au temps du roi saint Louis, de riches
argentiers ou banquiers d'Arras ; il y en eut qui s'élevèrent au rang
équestre.

presque tout entière : .... *Robert sengnevr de Wavrin et de Lilers* ; le petit contre-sceau est aux armes pleines. (1)

D'après la généalogie, il « reprint par proismeté » ce qu'avait vendu un père prodigue ; c'est ainsi qu'il opéra, sans doute, le retrait des terres de Lillers et de Wavrin (2); quant à l'office de sénéchal de Flandre, ni lui ni ses successeurs ne purent le recouvrer.

VIII. ROBERT IV, chevalier, sire de Wavrin, de Lillers et de Malannoy.

N'étant encore qu'écuyer (*armiger*), il plaidait, en 1313, contre les Lillois, au sujet des priviléges de sa terre et haute justice de Wavrin, qu'il tenait en fief du roi de France (titre des archives municipales de Lille). Il était chevalier, quand, en l'an 1316, il entra dans la confédération des nobles contre la comtesse d'Artois. (3)

Entre autres enfants, il eut :

1° *Robert* V, chevalier, sire de Wavrin, de Lillers et de Malannoy, qui épousa, vers 1349, Isabeau *de Fiennes* (4), morte vers

(1) Arch. départ., chambre des comptes, carton B 339, pièce 1293.

(2) Sa mère avait conservé son douaire sur la seigneurie de Wavrin, puisque, dans sa quittance du 26 décembre 1284, elle nomme « Robiert Le Thelier, men baillieu de Waurin. »

(3) *Robertus de Wavrin, dominus Oeles* (sic ; lisez : *Lilerii*). *Mém. de la Société des antiquaires de France,* Paris, 1865, in-8o ; 3e série, VIII, p. 221.

(4) Les généalogies de Fiennes indiquent inexactement, nous semble-t-il, ses auteurs : selon le P. Anselme, VI, page 169, elle serait fille de Guillaume, sire de Fiennes, marié dès 1272 avec

1360, veuve de Guillaume de Mortagne, sire de Dossemer, *ber* de Flandre, tué à Crécy en 1346.

Voici des extraits des comptes du domaine d'Hesdin qui prouvent cette union : 1348. « Madame de Dourier , qui releva le tere de Dourier , du fourmort Monsr d'Otemer (*sic*) son mary ». 1349. « Monsr de Waurin, qui a pris me dame qui fu femme mons^r Will^e de Dossemer , pour le bail de le tere de Dourier, qu'il a relevé, tenue du castel de Hesdin en fief. »

En 1348, le sire de Wavrin avait partagé, avec son frère cadet, les biens de leurs père et mère (le P. Anselme, VI, page 705).

En 1352, il transigea avec les Lillois, au sujet des contestations soulevées par son « chier et amé seigneur et père » (titre de Lille).

Froissart nomme « li sires de Wauurin » parmi les « gentils hommes » qui, en avril 1360, « pour yaux aventurer », tentèrent une sortie de Paris contre le roi d'Angleterre.

Il ne laissa qu'un fils :

A. *Robert* VI, chevalier, sire de Wavrin, de Lillers et de Malannoy.

Blanche de Brienne, père et mère de Jean, sire de Fiennes en 1322 et 1340, époux de la princesse Isabeau de Flandre, fille du comte Guy, morte en 1323. C'est plutôt de cette dernière union qu'Isabeau nous paraît issue.

Froissart nous apprend que « le signeur de Wavrin », l'un des « banerés françois », prit part, sous le commandement du duc de Bourgogne, à la campagne entreprise près de Calais et dont le principal résultat fut la prise d'Ardres sur les Anglais (7 septembre 1377).

Le 30 octobre 1381, à Térouane, « monsʳ de Wauerin, chlʳ, trois autres chevaliers », savoir : « messire Jehan de Pouques, messire Jehan de Coupingny, messire Rogier de Campinguehem » (1), « et huit escuiers de sa compagnie », savoir : « Tassar de Hersin, Lamon de Lannoy, le Galois de Le Planque, le Baudrain de Le Fosse, Jehan Enmenaut, Jehan Douglois, Porrus de Boulenois, Jorrait Le Nesveu », passaient « monstre » pour le service du roi de

---

(1) « Jehans de Poucques, sires de Molimont », dans son dénombrement du 4 mars 1388 (v. st.), servi pour « le fief de Molimont », « gisant en la paroisse de Houpplines sur le Lys » et mouvant de la Salle de Lille en justice vicomtière, dit que sa fille « Caterine » est la femme de « monsʳ Rogier de Campinghehem » (copie sur parchemin, du XVIᵉ siècle, dans le fonds de l'abbaye de Marquette).

Dans sa charte du 5 mars 1391 (v. st.), « Rogier Le Preuost, sires de Campinghehem, chlʳˢ », fils de feu « monsʳ Jaques Le Preuost », seigneur dudit lieu, agit comme héritier de sa tante « deffuncte madame Jehenne Le Preuoste, dame du Liemon », qui avait eu pour époux le chevalier *Jean* de Saint-Venant (voir branche de Saint-Venant, VII 3º A); son sceau armorial est au lion (fonds de l'abbaye de Marquette); ce chevalier n'existait plus au 11 septembre 1399 (id.).

France (1). Le 7 février suivant, année 1381 (vieux style), « *Robert* de Waurin, chl^r », touchait du « receveur general en la province de Rains de l'aide nouvellement ordennée pour le fait de la guerre », une somme de 64 francs d'or, « pour les gaiges de nous, iij autres chl^{rs} et viij escuiers de me compaingnie, montés et armés souffisamment, qui avons servi le roy n^{re} sire en ces presentes guerres, en la frontiere de Picardie, sous le gouvernement de mons^r de Coussy, cappittaine general en la dite province, par viij jours entiers, commenchans le penultime jour doctembre ccc iiij xx j derrainement passé ». A cette quittance pend le sceau armorial du sire de Wavrin, aux pleines armes ; l'écu penché est timbré et supporté par deux sauvages (2).

Froissart nous apprend encore que « li sires de Wavrin, banerés », périt glorieusement à Roosebeke l'an 1382, en combattant, au premier rang de la chevalerie française, contre les Flamands rebelles et alliés des Anglais.

On lit dans le compte du domaine d'Hesdin, du « terme de Candel^r » 1382 (v. st.), f° 4 v° : « De madame Yolent de Mortaigne,

(1) Bibl. nation., fonds de Clairembault, titres scellés, vol. 110, p. 8612.
(2) Id., vol. 110, p. 8615.

dame du Quesnoy, pour le relief du fief de Dourier, esqueu à ledite dame par le succession de monsʳ de Waurin, jadis sen frere, et liquelz fiefs est des arriere fiefs de Pontieu ». Cette dame, sœur utérine de notre *Robert* VI, avait épousé Gossuin, sire du Quesnoy et de Braffe, chevalier, avec lequel elle vivait en 1371 (1).

Robert VI était veuf, quand il eut une bâtarde d'Agnès *Le Cambière*, veuve de Jean, mayeur de Santes :

a. *Jacquemine* de Wavrin, légitimée par lettres patentes du duc Jean Sans-Peur, à Lille, en décembre 1407 (2), dans lesquelles elle est indiquée comme fille de feu *Robert*, sire de Wavrin, chevalier, celui-ci et sa maitresse étant, lors de leur liaison, délivrés des liens du mariage *(ambobus tunc solutis)*.

2° Wilaume de Wavrin, chevalier, qui, en 1361, avait un fief mouvant du château de Lens (compte du domaine, aux archives du Nord). On trouve un acte du 20 avril 1364, passé devant « frans hommes » et le bailli du seigneur de « Waurin, Willem tenant le bailg de *Robert*, son neveu », en sa seigneurie de Lillers (3). Le 3 août

(1) Arch. départ., chambre des comptes, carton B 933, pièce no 10518. — Cf. le P. Pruvost, *Hist. des seigneurs de Tourcoing*, Bruxelles, 1863, in-8, pp. 103, 259 etc.

(2) Ach. départ., chambre des comptes, 5° reg. des chartes, f° lxix r°.

(3) *Inv. des archives de Bruges*, 1° série, Bruges, 1873, in-4°, II, p. 125.

1364, « au siege devant Erneuzes », « Wille
de Waurin , chl^r baneret » , recevait de
« Crestien Ducange, receveur commis par
le roy no seigneur, en le ville, cité et diocese d'Amiens, pour l'aide darr(ainement)
ottroié au roy notredit seigneur , *pour le
deffence du royaume* de France, le somme
de xijxx xv livres tournois, .j franc pour
xviij s. parisis, en prest sur les gaiges de
nous, deux chl^{rs} et nuef escuiers de notre
compaignie , pour un mois qui fait xxx
jours, soubz le gouvernement noble homme
mons^r d'Aubeigni et capitaine des gens
darmes ordenés oudit diocese. Cest assavoir : pour nous baneret xl s. t., pour chascun chl^r xx s. t. et pour chascun escuier x s.
t. par jour ». Sur son sceau armorial, il y
a un écu à l'écusson en abîme brisé d'une
aigle au canton sénestre, et un fragment de
la légende : + *s' .... erin* (1).

3° Pierre de Wavrin, qui suit.

IX. Pierre de Wavrin, écuyer, uni, semble-t-il, à
Marie *d'Arleux* (2), fit hommage, à Lille, le 22 mars
1382 (v.st.), entre les mains du comte de Flandre, pour

----

(1) Bibl. nationale, fonds de Clairembault, titres scellés, vol. 110,
pièce 8613. — Cf. Goethals, p. 45.

(2) Cf. le P. Anselme, VI, p. 705. — Vers 1480, le sire de Wavrin,
arrière-petit-fils de Pierre, possédait la mairie, prévôté ou vicomté
héréditaire d'Arleux.

trois fiefs, savoir : « le fief de Lillers et de Malannoy
et le chastellenie d'icelle, descendant de notre chastel et court d'Arras. Item, de le terre de Waurin et
des appartenances, descendant de notre Salle de Lille.
Item, d'un autre fief descendant de notre chastel de
Buury (*Beuvry*). Lesquelx fiefs, ainsi qu'il dist, li appartiennent et sont escheuz par la mort de feu le seigneur de Waurin, darrain trespassé, nepveu audit
Pierre de Waurin, comme son plus apparant et prochain hoir ». Et le même jour, le comte admit « *Robert* de Waurin, filz de *Pierre* de Waurin », à
l'hommage de ces trois fiefs, « esquelz ledit *Robert*,
à la poursuite, requeste et du consentement dicelli
Pierre de Waurin, son pere, pour certaines et justes
causes, et en avanchement doyrie, fu, par loy, en
notre presence et par notre ottroy, come aisné fil et
plus prochain hoir dicelli *Pierre* de Waurin, dehue-
ment adhiretez » (1).

Pierre de Wavrin laissa plusieurs enfants et notamment :

1º Robert, qui suit.

2º *Jeanne* (première) de Wavrin, née vers
1362, vivant encore à Lille en 1442, mais
« foible et anchienne de quatre vingts ans ; »
elle était qualifiée : « noble damoiselle *Jehanne* de Waurin, damoiselle de Fillomés et
de Berguettes. » Le 22 février 1442 (v. st.),

(1) Arch. départ., chambre des comptes, 7e carlul. de Flandre,
fo 102.

elle céda ses prétentions sur la terre de Saint-Venant, relevant d'Aire (1), à son petit-neveu, fils de sa nièce *Béatrix*, dame de Wavrin, citée ci-dessous (X 2º).

Elle était, semble-t-il, veuve sans enfant de N... *N*..., écuyer, héritier de Fillomez et de Berguettes.

3º *Jeanne* (seconde) de Wavrin, vivante en 1442, retirée à l'abbaye de Ham-lez-Lillers, « moult anchienne » comme sa sœur aînée, et qualifiée : « noble et puissant dame madame *Jehenne* de Waurin, dame de Roizinbos et de Froumelles. » Le 20 février 1442 (v. st.), elle renonça à ses droits éventuels sur la terre de Saint-Venant, en faveur de son petit-neveu.

Elle était veuve de Jean, « le grand seigneur de Rosimbos, » qui « fina ses jours à la bataille de Rousseauville » ou d'Azincourt en 1415.

X. Robert VII, chevalier, sire de Wavrin, de Lillers et de Malannoy, épousa : 1º Marguerite, bâtarde *de Flandre*, fille du comte Louis II et décédée vers 1389 ; 2º vers 1390, Jeanne *de Caucourt* (cf. le Père Anselme, VIII, page 369). Le duc Philippe le Hardi favorisa cette seconde union, ainsi qu'il appert du compte du domaine d'Arras, du 24 juin 1390 au 2 février suivant, fº 23 vº : « Du seigneur de Waurin, liquelz, pour entretenir le traictié du mariage qui se

(1) Chambre des comptes, carton B 1532.

fait entre lui, dune part, et demois° Jehane *de Caucourt*, daultre part, sest deuestis et deshiretés...,
pour et au p.ufit du douaire de ladite damois°,....
de viij° l. x s. par an, sur sa terre de Lillers... Lesquelles droittures pour ledit quint, mondit seigneur
a donné audit seigneur de Waurin, comme il poet
apparoir par son mandement sur ce fait, donné le
iij° jour daoust ccc iiij$_{xx}$ dix. »

Le 27 avril 1385, à Arras, « Robert, sire de Waurin, chl^r, » recevait du trésorier des guerres du roi
200 livres tournois, « en prest, pour le paiement de
deux mois, fait à deux fois et en deulx lieux, cest
assavoir tant sur les gaiges de *moy bachl^r*, un autre
bachl^r et trois escuiers de ma chambre, comme dun
franc dor destat pour chacun homme darmes de ma
compaignie, à moy ordonné, par le roy notredit seigneur, avoir et prendre, chascun mois, oultre les
gaiges de moy et de mesdites gens, deserviz et à deservir en ceste presente armée que le roy notredit
seigneur met presentement sus *pour le passage
d'Escoce, en la compaignie et soubz le gouvernement
de messire Jehan de Vienne, admiral de France,
chief et cappitaine de ladite armée.* » Sa quittance
est munie d'un sceau armorial aux pleines armes de
sa maison, l'écu penché, timbré d'un heaume cimé
d'une tête et d'un col de taureau, et supporté par
deux lions. Le 8 mai suivant, « à Lescluse » (port de
mer de la Flandre), il délivra une semblable quittance. (1)

(1) Bibl. nation., fonds de Clairembault, titres scellés, vol. 110,
pièces 8613 et 8615.

Le 12 juin 1412, « *Robert*, seigneur de Waurin, chl^r, » reçut du trésorier des guerres du roi « six vins dix livres tournois, en prest et paiement sur les gaiges de *nous chl^r banneret*, de deux chl^{rs} bachel^{rs}, de xvij escuiers et de xv hommes de trait de notre compaignie, desserviz et à desservir au service du roy notredit sire, *en ses presentes guerres et par tout ailleurs où il lui plaira, en la compaignie et soubz le gouvernement de mons^r le duc de Bourgoingne.* » L'ancien *bachelier* devenu *banneret* avait un autre sceau, où ce sont deux griffons qui supportent l'écu. (1)

Robert VII eut plusieurs enfants légitimes :

1° *Robert* de Wavrin, chevalier, tué avec son père en 1415 à la journée d'Azincourt ; il venait d'épouser Jeanne *de Créquy*, fille de Jean, sire dudit lieu, et de Jeanne *de Roye* ; cette dame convola avec Guillaume, sire de Lalaing, et fut mère du Bon Chevalier Jacques de Lalaing.

2° *Béatrix*, dame de Wavrin, de Lillers et de Malannoy, mariée au chevalier Gilles *de Berlettes*. Elle vivait encore en 1446.

Son fils Wallerand, né vers 1418, fut la tige de la seconde maison de Wavrin, éteinte en l'an 1500 dans la personne de son chef, Philippe, sire de Wavrin, de Lillers, de Malannoy et de Saint-Venant.

(1) Titres scellés, vol. 110, pièce 8617.

3º *Jeanne* de **Wavrin**, issue de Jeanne de Caucourt, qui épousa, vers 1416, Gaucher *de Rouvroy*, chevalier, seigneur de Saint-Simon et de Rasse (Rache-lez-Douai), fils de Mathieu, sire de Saint-Simon, et de Jeanne *de Haveskerque* ; elle mourut vers 1421 (cf. le P. Anselme, tome IV, page 398). En 1423, le sire de Saint-Simon fit un acte de relief pour le fief de Lillers et de Malannoy, au nom de son fils Antoine, héritier de sa mère (1).

Robert VII laissa aussi des enfants naturels :

A. *Jehan*, bâtard de **Wavrin**, chevalier, seigneur du Forestel et de Fontaines ; né vers 1395, auteur des *Anchiennes Chronicques d'Engleterre*, publiées en partie par Melle Dupont pour la Société de l'histoire de France (Paris, 1858-1863, 3 volumes in-8º).

Quand le duc Philippe le Bon le légitimait à Lille, en mai 1437, il l'appelait « *Jean*, fils de feu *Robert*, chevalier, seigneur de Wavrin, et de feue Michielle *de Le Croix*, pour lors lesdits messire *Robert* et Michielle, mariez » ; c'était un « povre homme, non marié, bien

---

(1) Le P. Anselme, IV, p. 398, dit qu'Antoine de Rouvroy de Saint-Simon eut des biens provenant de *Pierre* de Wavrin, *son oncle* : il faut lire : *son bisaïeul*. On sait que les mots *nepos* et *neveu*, étant en ce temps-là amphibologiques, ont très-souvent trompé les généalogistes.

moriginé, de bonne vie et conversacion » ; il a, ajoute le prince, « grant voulenté de bien faire et de demourer soubz nous » ; considéré aussi les « bons et aggreables services que ledit suppliant nous a de longtemps faiz en pluiseurs noz voiages, armées, et autrement fait chacun jour » (1).

Très-peu de temps après, il épousait Marguerite *Hangouart*, fille de Jean, bourgeois de Lille, et d'Agnès *Fourligniet*, et veuve de Guillaume de Tenremonde, aussi bourgeois de Lille (2). Il ne tarda guère à obtenir la dignité de chevalier, et mourut vers 1475.

B. *Galien* de Wavrin, écuyer du duc Philippe le Bon, quand ce prince le légitima à Bruxelles, le 4 mars 1458 (v. st.), considéré qu' « il nous a longuement servy en armes et autrement ; »il est indiqué comme fils de « feu messire *Robert*, seigneur de Wavrin, et de Jehanne *Morelle*, lors non mariée. » Sa mort suivit de très-près sa légitimation, attendu qu'en marge du registre on écrivit : « Ce pendant ledit *Galien* est terminé vie par mort, et a esté ladite lettre cassée. » (3)

(1) Arch. départ., chambre des comptes, 10e reg. des chartes, fo 112 vo.

(2) A. de Ternas et Fremaux, *Hist. généalog. de la famille de Tenremonde*, Douai, 1870, in-8o, p. 23.

(3) Arch. départ., 12e reg. des chartes, fo 225, vo.

Il eut lui-même un fils naturel :

a. *Alixandre* de Wavrin, légitimé à Bruxelles, en août 1512, par des lettres patentes où il est indiqué comme « filz naturel et illegitime de feu *Galien* de Waurin et par lui engendré ou corps de deffuncte Elize *de Watrelos*, lors non mariez. » « Dès le temps de sa jonesse, » il avait « continuellement servy » l'empereur Maximilien et Philippe le Beau, roi de Castille, en tous leurs « voyages, guerres et armées, esquelz il sest tousjours bien et honnestement conduit, sans reproche, et si a souvent esté en grant peril et dangier de sa personne ; » devenu maintenant « ancien et caduque, » il est en outre « chargié de femme, laquelle est aussi anchienne, et chartriere passé trois ans; au moyen de quoy et quil est petitement pourveu de biens, et quil est bastard et illegitime, comme dit est, il est taillié de user le demourant de ses jours en grant poureté et misere. » L'acte de légitimation du prince fut enregistré à Lille, le 22 septembre 1513, moyennant une « finance » taxée à 40 livres, laquelle il acquitta, le 3 octobre. (1)

_____

(1) Id., 18ᵉ reg. des chartes, fo ijcij vo.

Filiations inconnues du nom de Wavrin.

Nous ne mentionnons ici que quelques personnages nommés dans les chartes, négligeant à dessein ceux qu'on rencontre çà et là dans les généalogies.

Jean de Wavrin, vassal du sénéchal *Roger* III, assista au contrat de mariage de Renaud, châtelain de Lille, et de *Mathilde* de Wavrin, fille dudit sénéchal. *Huic etiam donationi homines Rogerii de Waverin interfuerunt : Petrus de le Maisnil,* Johannes de Waverin, *Robertus Ruffus.* Ce fait est rappelé dans un acte du comte Thierry, passé à Lille, *in hospicio meo, in thalamo comitisse,* en 1157, ledit *Jean* de Wavrin présent, pour trancher les difficultés qui avaient surgi depuis le contrat de mariage (1).

Arnoul (*Arnoldus*) de Wavrin figure en 1171 comme vassal du comte Philippe, avec le sénéchal *Hellin* I, dans une charte de l'abbaye de Loos (Le Mire et Foppens, I, page 394).

Gerardus de Waverin, vassal du sire d'Avesnes vers 1177, figure dans une charte de son seigneur, après la famille d'Avesnes et après : *Egidius de Popiole, Walbertus de Russenies, Gothsuinus, prepositus de Avennes, et filii ejus ;* il y précède : *Alulfus*

(1) Bibl. nation., Ms. latin 9930; cartul. de l'église d'Arras, fo xliiij ; XIIIe siècle.

de Remelgies, *Guntherus de Quarte*, *Theodericus*, *filius Walteri de Holay* (1).

Robescote de Wavrin, chevalier croisé, vassal de l'empereur Bauduin de Constantinople, pour le comté de Flandre, est témoin de plusieurs chartes de ce prince, passées à Constantinople, au palais des Blaquernes, l'an 1204 (v. st.), en février. (2)

Le chevalier *Roger* de Wavrin vivait vers 1230 et possédait une dîme à Wattrelos (*Flaterlos*), qu'il céda à l'abbaye de Loos, du consentement de sa femme Sibille. Celle-ci, devenue veuve (*ipsa dudum post mortem mariti sui*), se rendit à Saint-Venant, devant Sibille de Flandre, dame de Lillers (veuve du sénéchal *Robert I*), pour reconnaître l'acte passé par le défunt ; et en novembre 1231, Sibille de Flandre approuva, *tanquam domina*.

Pierre de Wavrin dit *Anieux du Pen*, écuyer, châtelain de Saint-Omer, donna, le 12 décembre 1446, une quittance de ses gages, munie de son sceau armorial, l'écusson en abîme brisé d'un petit écusson au canton dextre, l'écu timbré d'un heaume cimé d'une tête de cheval bridé (3).

(1) Vos, *L'Abbaye de St-Médard*, Tournai, 1873, in-8, II, Cartul., p. 79.

En mars 1198 (v. st.), apparaît *Terricus* (Thierry) *de Wavrin*, juré (*juratus*) du magistrat de Tournai (*id.*, p. 123); il ne nous semble point appartenir à la maison des sénéchaux.

(2) *Compte rendu des séances de la Commission roy. d'hist.*, Bruxelles, 1876, in-8º, 4ª série, III, pp. 145, 149, 151 et 152.

(3) Arch. départ., chambre des comptes, carton B 1547. — Cf. Demay, sceau n• 5578.

Quoique la seconde maison de Wavrin reste en dehors de notre sujet, nous mentionnerons, pour mémoire seulement, les personnages suivants :

Le chevalier Jean, bâtard de Wavrin, seigneur de Garbecque (relevant en pairie de Lillers) et du Forestel, né vers 1445, vivant encore en 1507 (1), était fils naturel de Wallerand, sire de Wavrin, tige de la seconde maison. La seigneurie du Forestel avait appartenu au chroniqueur *Jean* de Wavrin (X A), qui l'avait laissée au chef de la nouvelle maison. « Jean, bastard de Wavrin », était, en 1473, l'époux d'Isabelle de Renty, dont la mère, vivante en 1465, était « N... d'Isque, dame d'Eulle, fille de feu Guillaume » (2). En juin 1489, « le bastard de Waurin » contribua à la défense de la ville de Hal en Hainaut, assiégée par les Flamands et les Brabançons, alliés aux Français et ennemis du roi des Romains (Molinet, IV, p. 38).

George de Wavrin, écuyer, seigneur du Quesnoy et de Quermes, né vers 1461, figure, en 1507, comme pair du château de Lillers (3).

Henry de Wavrin, écuyer, « fils aisné et heritier de feue damoiselle Nicole de Baugy, en son vivant femme de Jehan de Waurin, ses pere et mere », re-

(1) Bouthors, *Coutumes locales du bailliage d'Amiens*, Amiens, 1853, In-4o, II, pp. 373 et 388.

(2) Arch. départ., ch. des comptes, reg. A 87, pp. 70, 65 et 45; État des reliefs d'Aire, tiré des comptes du domaine, 1359-1662; écriture du XVIIIe siècle.

(3) Bouthors, pp. 373 et 383.

leva la moitié du fief de La Vallée, mouvant de Bon-neul, châtellenie appartenant à la duchesse de Bour-bon, comtesse de Clermont en Beauvaisis, et située dans la prévôté de Mondidier ; l'autre moitié étant possédée indivisément par ledit Jean de Wavrin, son père. Fait à Clermont, en 1514 (v. st.), le 26 jan-vier (1).

Anne, bâtarde de Wavrin, fille de Wallerand, ci-dessus nommé, reçut de son père le fief de la mai-rie, prévôté ou vicomté héréditaire d'Arleux, près de Douai, tenu du seigneur dudit lieu (dénombrement de Crévecœur et d'Arleux, de 1480 environ).

Rectification à propos d'un prétendu Wautier de Wavrin.

Dans la récente édition de la Chronique de Gilbert de Mons, donnée par le marquis de Godefroy-Ménil-glaise (Tournai, 1874, 2 vol. in-8°), on trouve (aux pages 210 et 211 du tome I et 369 du tome II) qu'un certain *Walterus* ou Gautier de Wavrin (*sic*), vassal et chevalier du comte de Hainaut Bauduin V, aurait accompagné son maître au château de Provins, le 14 mai 1181, pour jurer les accords matrimoniaux entre les maisons de Hainaut et de Champagne; mais nous ne doutons pas un seul instant que ce prétendu Wau-tier de Wavrin ne soit autre que Wautier de Wargnies,

---

(1) Bibl. nation., cabinet des titres : *Wavrin*, orig. en parchemin.

conseiller et chevalier du même comte et dont le nom se trouve écrit : *de Warini* (1), et une seule fois : *de Wareni.*

Branche de Saint-Venant.

Nous avons dit qu'elle était restée inconnue à Gœthals, quoique ce soit elle qui ait eu l'honneur de fournir un maréchal de France ; le généalogiste a a appliqué aux sires de Wavrin et de Lillers (branche aînée) les très-nombreux renseignements concernant les sires de Saint-Venant (branche cadette), d'autant plus que tous ont porté le même prénom, celui de Robert ; cette erreur a engendré une confusion que Goethals déclare « étrange. »

La branche de Saint-Venant brisa les armes de Wavrin d'un lambel de trois pendants (de gueules).

VI. Robert I de Wavrin *dit* Brunel (fils cadet du sénéchal *Robert* II), chevalier dès l'an 1279, sire de Saint-Venant, de 1289 à 1308 environ, et époux de dame Marie en 1289.

Il portait le titre de « sire de Drauwenoutre, » en 1279 et 1280, ayant pour neveu Jean IV, châtelain de Lille, fils de son frère utérin Jean III (2). C'est

(1) Quand on est familiarisé avec les anciennes écritures, on sait combien il est facile de confondre ces mots : *Waurin* et *Warini.*

(2) Arch. départ., fonds de Saint-Pierre de Lille, trois chartes scellées, de novembre 1279 et du 11 décembre 1280 ; dans cette dernière, il donne en garantie, dit-il : « mes tieres ke jai à Santes et à

par erreur que Goethals (page 31) donne pour femme au sire de Dranoutre (en la châtellenie de Bailleul) Mahaut de Lille, fille du châtelain Jean II et de Mahaut de Béthune; car il aurait épousé sa sœur utérine! Du reste M. Leuridan (1) prouve qu'en 1294 Mahaut de Lille était encore « demoiselle ; » si elle eût été femme ou veuve d'un chevalier, elle se fût qualifiée « dame. »

Dans une charte de l'an 1286, il se qualifie: *Robertus de Wavrin dictus Bruniaus* (Bruneau, Brunel : le brun), *miles* ; sur son sceau équestre, pendu à la charte, il est appelé : Robert de Wavrin, fils de sénéchal de Flandre (Douët d'Arcq, n° 3956). Sur le sceau dont il usait en 1293 et qu'il conserva jusqu'à sa mort, on le nomme : *Robertus de Wavrino, dictus Brunellus, miles, dominus de Sancto Venantio* (Demay, n° 1803).

Il eut une grande situation tant à la cour de France qu'à celle de Flandre ; en juin 1297, il était lieutenant du roi sur les marches de Gascogne, en remplacement du comte d'Artois ; sous le comte Guy de Dampierre (qui succéda à sa mère en 1280, fut détenu prisonnier par le roi en 1300 et mourut en

Watignies. » — Id., chambre des comptes, carton B 159, pièce 2069, charte scellée, de septembre 1279.

Son sceau équestre, avec contre-sceau armorial, est décrit dans Douët d'Arcq, n° 3956, et dans Demay, n° 377. La légende complète du sceau est: ✝ S'ROBERTI . DE WAVRIN . FILII . SENESCALLI . FLANDREN.

(1) *Les Châtelains de Lille,* Lille, 1873, in-8°, pp. 271 à 276.

1305), il fit, pendant quelque temps, l'office de chambellan de Flandre, au lieu de son pupille et cousin ; c'est pour cela qu'en 1307 (v. st.), « le samedi devant le Candeliere, » il témoigna, envers le comte Robert III, au sujet de certaines « droitures ki apartienent au cambrelenc de Flandres ; » voici deux passages de son attestation : « Jou ai veuu (*vu*), de lonc tans, ke li cambrelens doit venir pour vous (*le comte*) suruir en cote et le mantel au col ; » et « el tans ke li cambrelens, mes cousins qui Dix assoille (*défunt*), fu en me warde, je reecheuu pour lui, à Paris, ses droitures et ses wages, et en sauue terre ausi, du tans men signeur vo pere » (1).

Robert I *dit* Brunel, sire de Saint-Venant, laissa au moins un fils légitime :

    1° Robert, qui suit.

    Nous lui attribuons en outre deux filles :

    2° *Marie* de Wavrin *dit* de Saint-Venant, en 1321 femme du chevalier Gille, sire de Chin et de Busignies (2), de la maison *de Berlaymont*.

---

(1) Arch. départ., ch. des comptes, carton B 484, pièce 4603. — Cf. le comte de Limburg-Stirum, *Le Chambellan de Flandre*, Gand, 1868, in-8°, p. LII.

Goethals, pp. 22-23, place ce curieux document sous l'année 1207 ; il croit que le sire de St-Venant agissait comme sénéchal, affirmant que « cette décision était en effet de la compétence du sénéchal ou maître du palais. »

(2) Arch. départ., fonds de la collégiale de St-Géry ; charte scellée à Cambrai, 7 mai 1321. — Cf. Demay, nos 710 et 711.

3º *Jeanne* de Wavrin, épouse, en 1315 et 1317, de Jean *Malet*, chevalier, sire de Graville, fils de Jean, sire dudit lieu (le P. Anselme, VII, page 868 A).

Robert I laissa un fils naturel :

A. N... de Wavrin, bâtard de Saint-Venant, auteur de la branche de Markant, rapportée plus...

VII. ROBERT II de Wavrin, chevalier, seigneur de Saint-Venant, épousa Marie *de Roye*, qui restait sa veuve en 1316 et 1324.

Il laissa plusieurs fils et filles, parmi lesquels apparaissent :

1º Robert, qui suit.

2º *Drieues* ou *Dreue* de Wavrin *dit* de Saint-Venant, chevalier, en 1331 et 1332 caution de la dame de Cassel; il brisait les armes de Wavrin d'un lambel de cinq pendants (1).

3º *Mahius* I (Mathieu) de Wavrin *dit* de Saint-Venant, chevalier, sire d'Armentières en partie en 1330, mort avant 1349, époux de Jeanne *de La Haye*, demeurée sa veuve en 1349 et 1352, « ayant le bail de ses enfants

---

(1) Chambre des comptes, cartons B 668 et 690. — Demay, *Sceaux de la Fl.,* no 1564. — Cf. J. de St-Genois, *Invent. analyt. des chartes des comtes de Fl.,* Gand, 1843-1846, in-4, no 1658.

mineurs ». Il brisait les armes de Wavrin d'un lambel de trois pendants componés (?) (1).

Sa veuve semble s'être remariée plus tard ; car, dans des documents postérieurs, c'est elle qui paraît être qualifiée: « madame de Brias »; elle demeurait alors avec son fils puiné.

Mathieu I de **Wavrin** *dit* de Saint-Venant et Jeanne de La Haye eurent plusieurs enfants, notamment :

A. *Jean* de Saint-Venant, chevalier, seigneur du Liemont en 1377, mort vers 1383 (v. st.), le 14 mars, gisant en l'abbaye de Marquette, à droite du grand autel, ayant épousé Jeanne *Le Prévost*. En 1349 et 1352, il était qualifié « écuyer, fils et hoir du feu chevalier *Mahieu* de Saint-Venant. » Il brisait d'un lambel de trois pendants (2).

De l'enquête faite en 1396 sur la noblesse

(1) Arch. départ., fonds de l'abbaye de Loos; sa charte scellée du 26 avril 1330. — Cf. Demay, no 1565. — Chambre des comptes, carton B 668 ; ses chartes scellées du « samedi apres le saint Luc Evangeliste » 1331 (19 octobre , pièces numéros 6359 et 6360. — Fonds de l'Abbiette de Lille ; sa charte scellée du 8 février 1339 (v. st.). — *Roisin,* Lille, 1842, in-4, pp. 384 et 393.

(2) Arch. départ., fonds de St-Pierre de Lille; acte scellé du 2 juillet 1377. — Cf. Demay, no 2771. — Bibl. publ. de Douai, Ms. 888, XVIIIe siècle; Epitaphier de Malotau, I, p. 336; l'an 1323 est marqué par erreur comme celui de la mort du « sire de Cimon et d'Armentières en partie ». — Buzelin (*Gallo-Flandria,* Douai, 1625, in-fo, p. 146 D) avait lu : 1333.

de *Robert* de Saint-Venant dit Markant
(voir branche de Markant, III), il résulte
que le chevalier Jean de Saint-Venant était
cousin *en autre* (issu de germain) dudit
Robert Markant ; qu'il combattit les Anglais
en 1370 et 1373, ainsi que les Flamands
rebelles à Roosebeke en 1382, où son pen-
non était porté par ledit Robert.

Le 13 juillet 1384, «dame J^{he} Li Preuoste,
vesve de feu monss. *Jehan* de St Venant »,
confirma les libéralités que son époux et
elle avaient faites à l'abbaye de Marquette ;
et le 5 mars 1391, « Rogier Le Preuost (1),
sires de Campinghehem, chl^{rs} », confirma
à son tour les libéralités faites à l'abbaye
par « deffuncts mons^r Jaques Le Preuost (2),
mon chier seigneur et pere, que Dieux absoille, en son vivant seigneur dudit lieu »,
ainsi que par « feu messire *Jehan* de Saint
Venant, chl^r, qui Dieux pardoìnst », et par
la femme de ce dernier « deffuncte madame
Jehenne Le Preuoste, dame du Liemon »,

(1) D'après leur sceau, son père et lui portaient un lion. C'est
donc très-probablement par erreur que l'Epitaphier de Malotau
précité attribue à « ma dame Jehenne Li Prevost », femme du chevalier *Jean* de St-Venant, ces armes : D'argent à la croix d'azur.

(2) Etait échevin « des Estimaus du roy » en la Salle de Lille,
au 4 avril 1364, « monseigneur Jaque Le Prouuost, seigneur de Campinghehem », chevalier ; son sceau armorial est au lion (titre de
Marquette).

attendu sa qualité de « hoir singulerement
et pour le tout de mondit feu seigneur et
pere et de ladite madame sa suer » (titres de
l'abbaye de Marquette).

B. *Mahieu* II de Saint-Venant, chevalier,
mort avant 1396; de l'enquête faite, à
cette époque, sur la noblesse de *Robert* de
Saint-Venant *dit* Markant (voir branche de
Markant, III),il ressort que ledit Mahieu fut
fils de Madame de Brias, neveu du seigneur
de Saint-Venant (*Robert* III) et cousin *en
autre* (issu de´ germain) dudit *Robert*
Markant.

Nous croyons pouvoir attribuer à *Mathieu* I
de Saint-Venant, comme l'ont fait les généalogistes, les deux filles suivantes :

C. *Péronne* de Saint-Venant, mariée à
Pierre, chevalier, seigneur *de Briast* et du
Rant, dont elle était veuve en 1389. Vers
l'an 1380, elle adressait une lettre « à men
cher et bon ami Jehan Boid » (secrétaire
de la dame de Cassel), le priant de « venir
parler à mi, au Rant à le Fosse, par quoy
je puisse avoir conseil et advis... daucunes
besongnes touchans men p(o)rtement....
Escript au Rant, le jour de le solempnité
saint Marc » (25 avril). (Signé): « *Peron*^e
de St Ven^t dame de Briast et du Rant » (1).

(1) Arch. départ., chambre des comptes, carton B 1337, pièce
n° 14841.

Elle possédait, à Wattignies, le fief-pairie de Barghes, tenu du châtelain de Lille, en justice vicomtière, et qui avait appartenu à *Robert* de Wavrin, sire de Saint-Venant et de Wattignies (voir ci-dessus : VI); ce fief passa ensuite à Robert (?) de Rasse, pupille de Gaucher de Rouvroy, seigneur de Saint-Simon (Leuridan, *Les Châtelains de Lille*, page 81).

D. *Jeanne* de Saint-Venant , femme de Pierre *de Haveskerque* dit *de Wisquette* , chevalier, sire d'Erre et de Raisse (Rache-lez-Douai) et châtelain d'Orchies, vivant en 1361 ; veuve en 1372 , elle est indiquée comme défunte en 1394 (titres de Flines et de Saint-Amé).

Le 21 novembre 1396, à *Raisse*, son fils « Pieres de Wiquetes , chevalier , segneur de Raisse, cambrelens du roy notre sire et chastelains d'Orchies », certifiait qu'elle fut cousine « en autre » de *Robert* de Saint-Venant *dit* Markant (voir branche de Markant, III).

Sa fille Jeanne fut la première femme du chevalier Mathieu de Rouvroy, seigneur de Saint-Simon. Son petit-fils Gaucher de Rouvroy , chevalier , seigneur de Saint-Simon et de Raisse, châtelain d'Orchies et de Bailleul en Flandre , l'an 1420 , revendiquait, en 1443, la terre de Saint-Venant.Il avait épousé sa cousine *Jeanne* de Wavrin (voir X 3°).

VIII. *Robert* III de Wavrin, chevalier, sire de Saint-Venant, maréchal de France en 1342, 1345, 1346 et 1358, grand fauconnier de Flandre par création de l'an 1334, sénéchal de Flandre par inféodation en 1336, lieutenant des maréchaux de France en 1340, etc., mort vers 1370.

« Damoiseau » en 1318, il n'était encore qu'écuyer, quand, sous le nom de « Robert de Saint Venant », il servait, à Lille, le 12 avril 1326, dans la compagnie du seigneur de Noiers, capitaine des frontières de Flandre (1). Il se qualifie « *Robers* de Wavrin, sire de Saint Venant, chevalier », dans une charte de l'an 1329 (v. st.), du « samedi après le jour des Trois rois » (titre d'Anchin).

Le 7 juin 1334, à Audenarde, le comte de Flandre Louis I fait un don au seigneur de Saint-Venant, son « amé chevalier et cousin » (2). Le 14 juillet suivant, à Cambrai, le comte, « considerans les bons et aggreables services, fais à nous, de notre tres chier et amé chevalier et cousin, mons^r Robert de Wauring, seingneur de Saint Venant», le crée, dit-il, « notre maistre fauconnier dessus et sus tous autres »,

---

(1) Bibl. nation., fonds de Clairembault, Recueil d'extraits de titres, vol. 2, p. 96.

(2) Arch. départ., chambre des comptes, 5e cartul. de Flandre, pièce no 333 bis.

lui donnant, « tous les ans, tant comme il vivera, deux faucons sors, à payer, lun au terme de l'Ascention et lautre au terme de la Saint Remy », et les assignant « sus les esploiz de notre bailliage de Bruges »; « desquelz choses il nous a fait hommage et doit aussi faire à nos successeurs contes de Flandres, durant la vie dudit nostre cousin seingneur de Saint Venant » ; mandant « à tous nos fauconniers que audit notre cousin... obeissent comme à notre et leur mestre fauconnier, et comme il feroient à nous meesmes» (1).

Nous avons déjà dit comment le comte rétablit, en sa faveur et celle de « son hoir malle nei de son corps seulement », l'office de sénéchal de Flandre, suivant lettres patentes données à Fampoux le 15 octobre 1336 ; par sa charte du 3 novembre 1336, à Courtrai, « *Robers* de **Waurin**, sires de Saint Venant, seneschaus de Flandres », accepta les honneurs et les charges résultant de son office (2). Il prit dans plusieurs actes le titre de sénéchal. Etant à Aire, le 31 juillet 1340, il se qualifie : « *Robert* de **Wauring**, chl̄ʳˢ, sires de Sᵗ Venant, senesc. de Flandres et lieuten̄ᵗ des mar(*échaux*) de Franche » (3). Le comte donna pouvoir, daté de Bruxelles, le 15 juillet 1345, à ses conseillers, dont le premier nommé est « le sei-

(1) Id., 2e cartul. de Fl., fo 231 vo, pièce 450.

(2) Id., carton 744, pièce no 7115; sceau perdu.

(3) Bibl. nation., fonds de Clairembault, titres scellés, vol. 110, pièce no 8613. Petit sceau armorial; écu penché et timbré, lambel de trois pendants.

gneur de Saint Venant , seneschal de Flandres » ,
pour aller, en son nom , trouver le roi de France, au
sujet de « certaines choses traitées par le pape et les
gens du roi, touchant lhonneur et letat du comte» (1).
Enfin, le 24 mars 1362 (v. st.), il s'intitulait encore:
« *Robers* de Waurin , chl^r, sire de Saint Venant ,
senescal de Flandres et conseiller » du roi (2). Il conserva donc son office de sénéchal de Flandre sous le
comte Louis II, quoiqu'après la mort de Louis Ier, il
se soit plus étroitement attaché au service de nos rois.

En 1331 et 1332, il usait d'un joli sceau équestre,
comme en témoignent des actes concernant la dame
de Cassel (3) ; ses frères cadets ne se servaient que de
sceaux armoriaux.

Le 8 novembre 1348, à « Villiers coste rest »,
« *Robert* de Waurin, seigneur de Saint Venant »,
reçoit « cent deniers dor al escu, des coffres du roy
notre sire, par la main maistre Jehan Marie, secre-
taire dicellui seigneur , en rabat de plus grant
somme » qui lui était due « à cause des guerres dudit seigneur » (4). A Montpellier, le 18 janvier 1350

(1) Arch. départ. , chambre des comptes, carton B 799 , pièce
no 7506, au dos de laquelle on lit : « Commiss. por. Monsgr. sur le
traitié du mairaige Lois ».

(2) Bibl. nation. , cabinet des titres , dossier : Wavrin; simple
note, peut-être de la main de Du Fourny.

(3) Arch. départ. , chambre des comptes , carton B 668 , pièce
no 6361, et carton B 690.—Cf. Demay, no 1804.

(4) Bibl. nation., fonds de Clairembault, titres scellés, vol. 110,
no 8613.

(v. st.), le même, qualifié « chl^r de mons^r Charles de France, dalphin de Vienne », touche 200 écus d'or que le roi Jean lui donne « pour consideracion de fraiz et despenz de ce present voyage, ou quel nous sommes venuz à Avignon avec le roy. » Le 1er juillet 1355, à Rouen, le sire de Saint-Venant reçoit, du trésorier des guerres du roi, 500 livres tournois « en prest sur les gaiges de nous et des gens darmes de notre compaignie, deserviz et à deservir en ces presentes guerres ès parties de Normendie, souz le gouvernement de mons^r le dalphin de Vyennois, ainsné filz et lieutenant » du roi (1).

Le roi lui avait donné une rente de mille livres tournois sur la recette de Champagne, à raison de laquelle rente il délivra une quittance, le 14 janvier 1355 (2), vieux style. Le dauphin (depuis Charles V), avec l'autorisation du roi Jean, lui abandonna la terre et « le chastel de Lescluse en Palluel », pour les tenir « sa vie durant » ; devenu roi, il racheta ce château à son « amé et feal chevalier et conseillier le sire de Saint Venant », moyennant 3000 francs d'or, à Paris, le 11 septembre 1364 ; en conséquence, les 17 septembre, 6 et 20 novembre suivants, Robert de Wavrin toucha à valoir mille francs d'or (3).

(1) Id., cabinet des titres, dossier: Wavrin; pièces scellées, provenant de Gaignères.

(2) Bibl. nation., fonds de Clairembault, titres scellés, vol. 110, pièce 8615.

(3) Id., cabinet des titres, dossiers: Saint-Venant et Wavrin ; quatre pièces, provenant de Gaignères.

Dans Froissart, on trouve fréquemment le nom de notre seigneur de Saint-Venant.

Le 5 janvier 1356, il traita le mariage de Philippe 1er, duc de Bourgogne, fils de Jeanne d'Auvergne, reine de France, avec la princesse Marguerite de Flandre, fille et future héritière du comte Louis II (Saint-Genois, *Mémoires généal.*, Amsterdam, 1781, in-8₀, II, p. 519).

Il laissa pour héritière sa fille :

A. *Alix*, dame de Saint-Venant, mariée à Guillaume *de Clermont* dit *de Neelle*, chevalier, seigneur du Sauchoy, tué à Poitiers en 1356, fils puiné de Jean, sire d'Offemont, *queux* de France, et de Marguerite, dame *de Mello*. Elle vivait encore en 1390 (comptes du domaine d'Aire).

En 1396, le 18 novembre, l'un de ses fils, « Guill** de Nelle, cambellens du roy et castellains de Douay », certifie, dit-il, que « ma dame ma mere cui Dieux pardoinst » fut cousine *en autre* (issue de germain) de *Robert* de Saint-Venant *dit* Markant (voir branche de Markant, III).

Robert III paraît avoir eu un fils naturel :

a. *Flament* de Saint-Venant, à qui la dame de Saint-Venant (sa sœur sans doute) donna un fief situé à Lillers et mouvant d'Aire ; le prince fit une remise des droits seigneuriaux par lettres datées d'Hesdin, le 6

juillet 1372, et d'Arras, le 2 octobre suivant.
Le receveur d'Aire, dans son compte de la
Toussaint 1373, dit que la dame de Saint-
Venant « donna piechà » cette terre audit
Flament. Dans le compte de 1396-1397
(f⁰ x v⁰), est citée « Margherite, vesve de Flament de Saint Ven', pour sen fief seant en le
banlieuwe em partie et l'autre partie marchis-
sant à ledite banlieuwe » d'Aire.

Filiations inconnues de la branche de Saint-Venant.

Vers 1360, « monsʳ *Behort* de Saint Venant »
vendit à « messire de Bauffremez » son quint d'un
fief situé à Courcelles et que ledit seigneur de Bauffremez tenait du castel de Lens (compte du domaine
de Lens). Le chevalier Behort de Saint-Venant et sa
femme, Isabeau *du Maisnil*, donnèrent, le 21 juin
1372, à l'abbaye de Saint-Sépulchre de Cambrai une
charte dont nous tirons ces passages : « Nous Behort
de Saint Venant, chlʳ, sires du Glay et de Douurin,
et Ysabiaulx du Maignil, dame de Douurin, me
chiere et amée espeuse.... Nous Behort de Saint
Venant et dame de Douurin, dessˢ nommé, nous sommes infourmé dilligaument; » la seigneurie de Dou-
vrin-lez-La Bassée, dont il est ici question, mouvait
du château de Lens et appartenait à la femme du chevalier Behort ; le sceau de celui-ci n'existe plus au
bas de l'acte, mais seulement celui de la dame, qui

est armorial et parti des armes de son mari et des
siennes : le 1ᵉʳ parti est à l'écusson en abîme, au
lambel de trois pendants, un filet posé en bande brochant ; le 2ᵈ parti est à l'écusson en abîme à l'orle de
papegays (oiseaux avec bec); de la légende du sceau,
on n'aperçoit plus que ces mots :... DV MENIL.
Selon un vieil armorial du XVᵉ siècle, (1) « le sʳ du
Maynil » en Artois aurait porté : D'azur à l'écusson
d'argent en abîme « à l'ourlet de cocquilles » du
même. Le chevalier Behort n'était plus de ce monde
en 1387; sa veuve convola à de secondes noces avec
« messire Jehan d'Outre, chevalier, chastellain
d'Ippre et sgʳ de Veldinghes » (2), qui, le 1ᵉʳ juin
1390, releva « le fief de la tour de Ruyt, qui li est
venus et escheus de le succession et fourmortᵉ de
feue madame du Maisnil, » ainsi que « les cres-
teaux du chastel du Maisnil, » l'un et l'autre fief
mouvant du château d'Arras (3); il s'agit évidemment
ici de la terre du Maisnil-lez-Ruit (arrondissement
de Béthune, canton d'Houdain), qui venait d'échoir
à celle qui avait été la femme du chevalier Behort.
En septembre 1397, « noble dame madame Ysabel,

(1) A. Dinaux, *Arch. histor. et littér.*, Valenciennes, 1842, in-8o,
nouvelle série, IV, p. 20. — Pour d'autres blasons, un peu différents,
attribués à la famille du Maisnil, cf. Goethals, *Wavrin*, p. 45.

(2) Ce vicomte d'Ypres, fils de Gérard et de Jeanne d'Aubigny,
vicomtesse d'Ypres, défendit vaillamment la ville d'Ypres contre les
Anglais en 1383 (Sanderus, *Flandria illustr.*, II, p. 266, col. 1).

(3) Arch. départ. à Lille, chambre des comptes, compte du domaine d'Arras, 1389-1390.

dame du Maisnil et de Douvrin, » était veuve, en
secondes noces, de « monsieur le castellain d'Ippre »
(Collection Moreau, volume 242, f°s 86 et 98). Elle
mourut sans enfant vers 1414 (compte de Lens).

Selon les anciens généalogistes (cf. le P. Anselme,
VI, page 706), « *Jean* dit *Boort*, bâtard de Saint-
Venant », serait issu d'un seigneur de Saint-Venant,
et de lui descendraient les Markant établis à Lille
(voir branche de Markant). D'après Goethals (page
45), l'époux d'Isabeau du Maisnil se serait appelé
« *Jean* de Wavrin *dit* de Saint-Venant » et aurait
été fils puiné d'un seigneur de Saint-Venant. Le blason du chevalier Béhort démontre qu'il était un
cadet, mais non un bâtard de Saint-Venant.

L'Allemand de Saint-Venant accompagna, en
1365, l'illustre du Guesclin à la guerre d'Espagne,
ordonnée par le pape contre Pierre le Cruel, roi de
Castille ; en 1367, il retourna, avec son général, au
secours du roi Henri le Bâtard, et fut fait chevalier;
il se distingua et fut pris à la bataille de Navarette
perdue par le roi Henri de Castille et du Guesclin
contre le prince de Galles (Froissart).

Nous retrouvons, vers 1382, « messire *Alemand*
de Saint Venant » combattant les Flamands rebelles
et défendant contre eux la ville d'Audenarde sous le
sire de Wavrin (1). Selon Goethals (page 40), ce se-

---

(1) *Bulletin de l'Académie roy.*, Bruxelles, 1843, X, 1re partie,
p. 265. — *Compte rendu des séances de la Comm. roy. d'hist.*,
Bruxelles, 1843, in-8°, VI, p. 287.

rait un bâtard d'*Andrieu* de Saint-Venant (voir VII 2º).

Branche bâtarde de Saint-Venant dit *Markant.*

Les anciens généalogistes (voir le P. Anselme, VI, page 706) constatent que les Saint-Venant *dit* Markant, établis à Lille, descendent du bâtard d'un seigneur de Saint-Venant. Goethals (page 157) s'est encore une fois séparé d'eux, en affirmant que les Markant descendent d'un fils illégitime du sénéchal *Hellin* III de **Wavrin** (voir branche aînée, VI) : de manière qu'ils auraient été non point des Saint-Venant, mais des **Wavrin**. Le seul motif qui ait porté Goethals à contredire ses prédécesseurs, c'est qu'on aurait rencontré des Markant à la bourgeoisie de Lille dès l'an 1297 : or le nom de *Markant* étant alors aussi communément porté que, de nos jours, peut l'être celui de *Marchand*, rien n'était moins décisif.

Au surplus, tous les doutes sont levés par l'enquête faite en 1396 sur la noblesse de *Robert* Markant *dit* de Saint-Venant (1); nous en résumons les données certaines dans le crayon généalogique qui suit.

I. *N....* de Wavrin, bâtard de Saint-Venant, eut pour père le seigneur de Saint-Venant (*Robert* I dit *Brunel,* mort vers 1308).

II. *Jakemon* Markant, écuyer de messire *Jean* de Saint-Venant (voir VII 3º A), « les draps » duquel il

(1) Arch. départ., chambre des comptes, cartou B 1264, pièce nº 13531.

avait, « et estoit un escuier de honneur » ; il s'était
marié à une « demoiselle » avec laquelle il demeurait à « Vrelenghehem » ; là était le chef-lieu d'un
fief tenu de la Salle de Lille et appartenant à la femme
dudit chevalier *Jean* de Saint-Venant (1). Il figure ,
en 1363, comme échevin féodal de Frelinghien ; il
brisait les armes de Saint-Venant d'un oiseau en
pointe (Demay, sceau n° 1363).

III. *Robert* Markant, écuyer, demeurant à Lille,
fut inquiété, en 1396, au sujet de sa noblesse, par les
commissaires « sur le fait des nouveaux acqués » ef-
fectués par les non nobles dans le bailliage de Lens.
Robert ayant présenté un « intendit » afin d'être
admis à prouver qu'il devait être tenu et réputé pour
noble et extrait du lignage de Wavrin et de Saint-
Venant, les commissaires ouvrirent l'enquête à Lens,
le 24 octobre 1396, et entendirent : 1° Guyot de
Houppelines, écuyer, demeurant au château de Lille,
âgé de 60 ans , ancien combattant de Roosebeke ; 2°
Jean du Gardin *dit* Vredière, demeurant à Wahagnies,
âgé de 60 ans, ancien serviteur de la maison de Saint-
Venant ; et 3° Jean de La Tramerie, écuyer, sire de
Derraucourt (Drocourt), de l'âge de 56 ans, qui avait
« demouré » 26 ans avec le chevalier *Jean* de Saint-
Venant. Ils reçurent ensuite les témoignages écrits :
1° de Guillaume de Nelle, chambellan du roi et châ-
telain de Douai, du 18 novembre ; et 2° de Pierre de
Wiquetes, chevalier, seigneur de Raisse (Rache),

---

(1) *Hist. généal. de la famille de Tenremonde*, pp. 34 et 116.

chambellan du roi et châtelain d'Orchies, du 21 novembre ; chacun d'eux affirmant, en ces termes : « *Robert* Markant estre de mon sanc et lignage du costé de Wavrin ».

L'enquête de 1396 est intéressante, non-seulement à raison des détails qu'elle renferme , mais aussi parce qu'elle montre comment on faisait alors sès preuves de noblesse: au lieu de s'en rapporter, comme plus tard, à de vieux parchemins, témoins muets et plus ou moins suspects, c'étaient les vivants qu'on interrogeait. En outre, le cas de Robert Markant soulevait une difficulté particulière : car sa propre légitimité semblait contestable ; mais les témoins furent unanimes pour le tenir « de loial espeux », ayant vu « le demoiselle mere dudit Robert, qui fu femme dudit *Jaque* , et icelli *Jaque* demourer ensamble comme gens mariés ». Le bâtard d'un noble de race était incontestablement gentilhomme; mais en était-il encore ainsi pour un bâtard issu de ce bâtard ou du fils de celui-ci ? la jurisprudence nobiliaire répondait alors négativement, semble-t-il.

« Ledit *Robert* se arma en la poursuite des Englés, avec monsʳ *Jehan* de Saint Venant, quand monsʳ Robert Canole (*Knolles*) passa le roiaume de France (1370), et ensement fu avec ledit monsʳ *Jehan* en la poursuite des Englés, quant les dux de Lenclastre et de Bretaigne passerent le royaume de France » (1373). Enfin il « porta le penon dudit mons *Jehan* de Saint Venant en le bataille à Rosebecque » (1382). Il avait

« en son seel » les armes de Saint-Venant « à une molette de différence en la pointe de lescu. »

On trouve, en effet, en 1393 et 1407, le sceau de Robert Markant, vassal, tant du châtelain de Lille à Verlinghem, que de Jean Artus à Lille : l'écusson en abîme au lambel de Saint-Venant est brisé d'une étoile (ou mieux d'une molette) en pointe ; le heaume couronné est cimé d'une tête de bœuf (comme les Wavrin) et l'écu est supporté par deux lions (Demay, nᵒˢ 2814 et 2851).

Pour connaître la suite de la descendance des Saint-Venant *dit* Markant, on consultera avec fruit la généalogie de Goethals (pages 158 à 163). Nous nous bornons ici à quelques indications héraldiques.

Jehan Markant (fils de *Robert*, qui précède) figure, en 1429, comme vassal de l'abbaye de Bourbourg pour une seigneurie sise à Lille ou dans la châtellenie ; il portait de Saint-Venant sans brisure (les Saint-Venant de la bonne branche étant éteints), le heaume cimé d'une tête de bœuf et l'écu supporté par deux lions (Demay, sceau nᵒ 2044). Dans l'armorial des rois de l'Epinette de Lille, il figure comme roi en 1423, sous cette qualification : « Jehan de Saint Venant, fils de Robert, chevalier, » et portant : D'azur à l'écusson d'argent au lambel de trois pendants de gueules (1), qui est de Saint-Venant. La dignité de chevalier s'applique-t-elle au père ou bien au fils ? (2)

(1) Bibl. nation., Ms fr. 10469, XVIᵉ siècle, p. 221.
(2) Cf. Goethals, p. 159.

Robert Markant (frère puiné du précédent) était l'un des huit-hommes de la ville de Lille, en 1445, portant de Saint-Venant brisé de trois coquilles, une sur chaque pendant du lambel (Demay, sceau nº 4424). Roi de l'Epinette en 1438, il figure sur l'armorial lillois (page 222), sous le nom de « Robert de Saint Venant *dit* Marquant » et avec les armes pleines.

En 1470, fut roi de l'Épinette « *Jehan* Marcquant, filz de *Jehan* » (le roi de 1429), portant de Saint-Venant plein (page 224 de l'armorial).

Lorsqu'ils s'éteignirent au XVIIᵉ siècle, les Markant avaient, depuis quelque temps déjà, délaissé leur surnom et repris l'illustre nom de Saint-Venant.

Synonymie de Saint-Venant.

Au XIIIᵉ siècle, existait à Douai, dans la bourgeoisie échevinale, une famille de Saint-Venant qui n'avait aucun rapport d'origine avec la maison des sénéchaux de Flandre. Jean de Saint-Venant était échevin en 1217, Monnart (Simon) en 1230, Evrart en 1273, Lanvin en 1278, 1285, 1287. En 1225, Simon était associé avec ces bourgeois de notre ville, les Du Markiet (en latin *de Foro*), les Pilate, les Painmoulliet, les Malet, les De France, les de Deuyeul, qui contractaient les emprunts pour les princes du pays.

Vers 1250, Évrart de Saint-Venant donnait aux Trinitaires le lieu où ces religieux s'établirent définitivement, et en 1267, il se faisait le bienfaiteur des

Frères mineurs. En mai 1268, « sires Euerars de Saint
Venant , bourgois de Douai, et Ysabiaus, se feme » ,
font une donation à l'abbaye de Vaucelles (titre de
l'abbaye). Ce pieux et riche bourgeois est ordinairement qualifié de « sire Evrart », surtout dans les
documents, de date postérieure, rappelant ses pieuses
libéralités. Aussi en a-t-on fait un chevalier ; mais
on sait que la qualification de « sire » était donnée ,
en ce temps-là , non-seulement à des ecclésiastiques,
mais aussi à des bourgeois notables, de sorte que
celle de « maistre » primait alors celle de « sire » ; à
Tournai et à Valenciennes , même dans les temps
modernes , le chef de la magistrature locale conservait la qualité de « sire » durant le temps de sa
charge , quoiqu'il ne fût ni chevalier ni même
gentilhomme , comme aujourd'hui encore le lord
maire à Londres.

En 1260, « dame Ghille » de Saint-Venant enri-
chissait l'hôpital des Wez, appelé ensuite le bégui-
nage. En 1271, testait Me Engherran de Saint-Venant,
(chapelain de Saint-Pierre), en présence de ses frères
Evrard et Lanvin de Saint-Venant , bourgeois de
Douai.

En 1296 et 1297, vivaient : Mahius, sire d'Iwir,
« jadis fiex monseigneur Gerart , segneur d'Iwir,
chevalier », « me dame Izabiel, dame d'Iwir », sa
mère, et Evrart de Saint-Venant , oncle de ladite
dame (titre de l'abbaye de Saint-Aubert).

Robert de Saint-Venant fut abbé de Vaucelles, de
1204 à 1238.

En 1270, était bailli (*subballivus*) d'Arras Robert de Saint-Venant qui, peut-être, lui aussi, n'appartenait pas à notre famille douaisienne.

Un siècle plus tard, en 1385, nous rencontrons Evrart de Saint-Venant marié à Jeanne de Belleforière (compte du domaine de Lens).

Quoique nos Douaisiens de Saint-Venant aient commencé à paraître très-longtemps avant qu'aucune branche de Wavrin ne prît le surnom de Saint-Venant, Goethals (page 19) a transformé le bienfaiteur de nos Frères mineurs en un « monseigneur Everard de Wavrin *dit* de Saint-Venant, surnommé le Vieux », qui aurait vécu en 1228 (*sic*) avec « son fils monseigneur Everard de Saint-Venant », et de cet Evrard le vieux il a fait, sans l'ombre d'une preuve, un fils du sénechal *Hellin* I, mort en 1191.

Selon le P. Anselme (III, page 172 D, et VIII, page 441), Philippa, femme de Pierre de La Brosse, chambellan des rois saint Louis et Philippe le Hardi (1), qui fut pendu à Montfaucon en 1277, s'appelait de Saint-Venant (ce qui est possible) et aurait eu pour père Mathieu, qualifié, certainement à tort,

(1) A-t-il été réellement grand chambellan de France ? Nous en doutons. En effet, Pierre de Villebou, dont les ancêtres avaient longtemps tenu cette dignité, fut chambellan de France en 1259 jusqu'en 1270, qu'il mourut sans enfant ; puis vient Mathieu de Montmorency *dit* de Marly, en 1272, mort vers 1280 ; puis Raoul de Clermont de Nesle en 1283. Y a-t-il place pour l'humble Pierre de La Brosse, que néanmoins le P. Anselme (VIII, p. 440) glisse entre ces deux derniers seigneurs ?

On sait qu'il ne faut pas confondre le chambrier, le grand chambellan ou chambellan de France et les simples chambellans.

de « seigneur de Saint-Venant ». « Felipe, fame
Pierre de La Brouce, chanbellanc lou roi », testa, en
août 1269 (1). Il faut noter aussi qu'un frère de la
femme de Pierre de La Brosse s'appelait « maître
Pierre de Bernay » ; promu à l'évêché de Bayeux
(1276 — janvier 1306) par le crédit de son beau-
frère, il fut compromis lors de la disgrâce du fa-
vori (2).

Pierre de La Brosse était originaire de Touraine.

Branche de Waziers (3).

III. HELLIN I de Wavrin (fils cadet du sénéchal
Hellin I, mort en 1191), *dit* l'oncle (par rapport à
son neveu, le sénéchal *Hellin* II), chevalier, sire de
Heudincourt, vivait encore en 1230 et épousa une
dame prénommée *M*(arie), citée en 1220 (titre de
l'abbaye de Loos). Dès l'an 1198, il apparaît comme
chevalier et seigneur d'Heudicourt, terre qui lui venait de son père : *Hellinus, miles, dn^s de Heudincourt ;* dans sa charte de l'an 1212, il s'intitule ainsi :
Ego Hellinus de Waurin, dn^s de Heudincort ; son

---

(1) Douet d'Arcq, *Collection de sceaux,* n$_{os}$ 241 et 1583. Sur le
sceau de la dame on ne lit plus que .. : *lippe de sco V*...

(2) H. Martin, *Hist. de France,* Paris, 1844, in-8, V, p. 25. —
Fallue, *Hist. du diocèse de Rouen,* Rouen, 1851, in-8, IV, p. 505.

(3) Quoiqu'elle se rattache sûrement au tronc de Wavrin, Goethals (p. 107) ne lui a donné rang qu'après la famille de Villers-
au-Tertre (p. 57), qu'on n'y peut rattacher, et après celle des Wastines (p. 97), qui est absolument étrangère à la maison de Wavrin.

sceau armorial est à l'écu en abîme, sans brisure apparente, avec la légende : † *Sigillvm Hellini de Wavrin* ; en juillet, l'évêque de Noyon l'appelle : *Hellinus dnˢ de Heudincort* (titres de l'abbaye de Vaucelles).

Tandis que son père, son frère aîné et son neveu, les sénéchaux *Hellin* Iᵉʳ, *Robert* Iᵉʳ et *Hellin* II, n'usèrent jamais du type équestre, il avait, lui cadet, dès l'an 1220, un sceau équestre aux armes de Wavrin sans brisure apparente (cf. Demay, nᵒ 1802). Outre son importante seigneurie d'Heudicourt (arrondissement de Péronne), il possédait celles de Waziers et de Raimbaucourt: le « gros » de Waziers, mouvait d'Haubourdin, antique domaine des châtelains de Lille; Raimbaucourt relevait immédiatement de Fenain et médiatement d'Haubourdin. Haubourdin, Fenain, Raimbaucourt et Waziers étaient des terres d'Empire et des enclaves du comté de Hainaut.

En juin 1211, il donna la loi du castel de Wavrin à ses tenanciers d'Herlies, qui seront jugés, dit-il, *ad domum meam de Fontana* (titre de l'abbaye de Loos).

Nous ne l'avons trouvé, portant le nom de Waziers, que dans un seul acte, passé en juin 1230, c'est-à-dire aux derniers temps de sa vie : *Ego Hellinus de Wasiers, miles, dictus Avunculus* (titre de l'évêché d'Arras). Ses descendants abandonnèrent le nom de Wavrin pour prendre celui de leur seigneurie située près de Douai. Ils brisèrent les armes de leur maison d'une bande de gueules brochant sur le tout.

Ils laissa au moins deux fils :

1° Hellin, qui suit.

2° *Robert* de Waziers, chevalier, sire de Raimbaucourt, en 1243 et 1249, époux de Béatrix, dame *d'Hornaing*, veuve en 1270 (Demay, sceau n° 1100), fille de Wautier, chevalier, sire d'Hornaing, et de dame Marie (titres des abbayes d'Anchin et de Marchiennes).

Ils eurent une fille :

A. *Marie* de Waziers, dame d'Hornaing. et de Raimbaucourt, femme du chevalier Gérard, sire *de Viane*, en 1287 (titre des Chartriers de Douai).

IV. HELLIN II de Waziers *dit* Merlin (marteau), chevalier, sire de Heudincourt, déjà marié, en 1226, avec Marguerite, qui, dès le mois de mars 1239 (v. st.), était sa veuve (titres de l'abbaye de Loos et de Saint-Amé).

Vers 1237, il eut de graves démêlés avec les Douaisiens au sujet de sa seigneurie de Waziers. (1)

Une charte du mois de janvier 1256, relative à la seigneurie d'Heudicourt (fonds de Vaucelles), débute ainsi : *Ego Margareta, domina de Heudincort* ; le

_____

(1) A. Dinaux, *Arch. hist. et littér.*, Valenciennes, 1851, in-8°, 3ᵉ série, II, pp. 320, 326, 328, 329, 335, 336, 337.

sceau représente une dame ; on y voit aussi les restes de la légende : + *s' Marg....e wxoris He........ .... s* (cf. Demay, sceau n° 1082). La veuve d'Hellin II de Waziers lui survécut donc assez longtemps.

V. Robert de Waziers vivait en 1245, cité comme seigneur de Waziers (titre de la collégiale Saint-Pierre de Douai); il ne paraît pas avoir obtenu la dignité de chevalier.

VI. Hellin III de Waziers, chevalier (dès 1275), sire de Heudincourt, épousa, avant 1272, Alix *de Commines*, qui était restée sa veuve en 1306 (titre de la ville de Douai). Il mourut vers 1286.

Vers 1260, le connétable de Flandre agit *con baux* (comme tuteur) et comme co-héritier du jeune Hellin de Waziers (1); on verra plus loin que le connétable était alors Maëlin II (famille de Beausart).

Un titre du 3 juin 1273 des archives de Saint-Amé constate qu'un tenancier ou laboureur de Waziers, appelé Jean de Waziers, y cultivait la terre dite de Fulbert *Mutus* (le muet), près du Marais douisien (*Johannes de Wasiers, homo dicti Hellini de Wasiers, dictam terram excolens*).

Le roi Philippe III ayant appelé aux armes la noblesse du royaume, en 1272, la convocation des feudataires du bailliage de Vermandois comprit le nom

---

(1) *Arch. hist. et littéraires,* 3e série, II, pp. 320 et 341.

Goethals, pp. 110-111, appelle ce connétable : Michel de Harnes, et dit qu'il était surnommé *Goubaux,* ayant mal lu : *con baux.*

de : *Hélinus de Wrasieres*, *armiger* (1). Le sire de
Heudincourt s'empressa de répondre à l'appel de son
souverain et emprunta , pour s'équiper , une somme
de 360 livres à l'abbé de Vaucelles, ainsi que le constatent des titres du mois de mai 1272 : « Comme me
sire li rois de France , mes sires , mait mandé pour
aler en se besoingne , et je ne peusse mie estre pour-
veus ne aparelliés , pour aler en cele besoingne , si
souffizantment ke je deusse, se mi boin ami ne meus-
sent aidiet à ceste grande besoingne , cest assavoir :
li abbes et li couvens de Vauceles , ki mont aidiet , à
me requeste et à me priiere , et à men très grand
besoing, de trois cens et soissante lib° de tournois ».
Son sceau armorial, pendu à ces actes, est décrit par
M. Demay (n° 1805);il l'est aussi par M. Douët d'Arcq
(n° 3968).

L'an 1303, « le vegille de le feste nostre dame à
mi aoust, » (2) l'abbaye de Vaucelles obtint, de la
veuve d'*Hellin* III, une charte confirmative des actes
du mois de mai 1272, qui débute ainsi : « Jou Aalis
de Coumines, dame de Wasiers, fame jadis men segneur *Herlin* de Waisiers, qui fu, qui Dix assoille, »
(3) avec un sceau, représentant une dame, de la lé-

_____

(1) La Roque, *Traité de la noblesse*, Rouen , 1735, in-4o, p. 84
du Traité du ban et arrière-ban.

(2) *Mense augusto, die mercurii in vigilia festi assumptionis
beate Marie virginis*, c'est-à-dire le mercredi 14 août (acte confir-
matif de l'official de la cour de Noyon).

(3) *Nobilis d*na *domina Aelidis de Commines, d*na *de Wasiers*,
*relicta nobilis viri d*ni *Herlini, quondam d*ni *de Wasiers, militi s
defuncti vidua* (id).

gende duquel il ne reste que quelques lettres : *Comines feme H.* ; « en le presence de : homes relegieus, dant Bauduin de Condet, maistre de Pesieres, et dant Mikiel de Douay, plaideur de Vaucheles ; (1) *Maailin*, men fil ; (2) Colart Lalenach, bailliu de Heudincourt, Periart d'Espihi, balliu de Vaucheles, Pierot Le Carton, sergant de Heudincourt, et Symon Thierris, (3) clerc, notaire de le court de Noion ; » le tout avait été passé en la chapelle du château d'Heudicourt (*apud Heudincourt*, *Nouiomensis dyocesis*, *in manerio suo*, *in capella dicti manerii*).

Hellin III et Alix de Commines laissèrent plusieurs enfants, notamment :

    1º Hellin, qui suit.

    2º *Robert* de Waziers, chevalier, seigneur de Commines, mort sans hoir avant 1309. Dans un acte du 17 avril 1298, il est qualifié: «*Robert* de Wasiers, signeur de Commines»; il avait succédé au chevalier Bauduin, « sires de Couminnes » en 1281 (titres de Saint-Pierre de Lille). En juin 1301, à Lille, « me sires *Robiers* de Wasiers, sires de Commines », figure comme « homme le roy », c'est-à-dire comme feudataire de la Salle de Lille ; d'après son contre-sceau armorial, décrit par

---

(1) *Monachi de Vauchellis* (id).

(2) *Nec non* Mailini, *filii dicte domine* (id). On sait que le conétable Maëlin II avait été le tuteur d'*Hellin* III de Waziers.

(3) *Dictus Thierreus* (id).

M. Demay (n° 1806), il portait les armes de
sa branche sans brisure apparente. A ce sujet,
il n'est pas inutile de rappeler que le noble
romancier Antoine de La Salle, dans son
Histoire et cronique du petit Jehan de Sain-
tré (1), composée l'an 1459 à Genappe en
Brabant, fait figurer « le seigneur de Commines » parmi « ceulx de la marche de Flandres » qui prennent part à une expédition
imaginaire, lui attribuant pour armoiries,
probablement d'après quelque vieil armorial :
« D'or à l'escusson de sable diapré à ung orle
de roses de gueules. Et cryoit : Commines ! »

3° *Maailin* de Waziers, témoin de la charte
de sa mère, en 1303.

Aux fils d'Hellin III et d'Alix de Commines, nous
croyons pouvoir ajouter les suivants :

4° *Jean* de Waziers, chevalier, qui florissait en 1313 et 1326 ; Marguerite *de Lalaing*,
sa veuve, mourut vers 1344 (titres de la ville
de Douai, de l'abbaye des Prés et de l'abbaye
de Flines). Il était seigneur en partie de Waziers.

5° *Nicolas* de Waziers, chevalier, sire de
Linselles et de Blaton, qui, le 5 mars 1327
(v. st.), délivra une charte à l'abbaye de Marquette, relative à une terre tenue « de mi, de
me tenanche de Blaton, gisans en le parroche

_____

(1) Paris, 1830, in-8, p. ccxxxij.

de Commines » ; voulant qu'il soit dit en l'abbaye trois messes de *requiem*, « lune pour lame monseigneur men pere , lautre pour lame me dame me mere , et le tierche pour lame de mi apries men dechies ». Son sceau, de moyenne grandeur , porte un écu chargé d'un écusson en abîme à la bande componée brochant sur le tout; trois chimères sont placées l'une au-dessus et les autres sur les cotés de l'écu. Légende : + S' COLART. DE WASIERS. CHR.

« Messire *Nicole* de Wasieres » reçut du comte de Flandre Louis Ier (1322—1346) le don d'une rente de cinquante livres « heritablement », pour lui et ses hoirs (1er registre des chartes, f^o iiij ^{xx} v^o).

En 1348 « me dame d'Esvin, vesve de feu mons^r *Nicole* de Wasiers », releva, « comme baulx » de sa fille « meure dans », un fief mouvant du château de Lens.

Nicolas de Waziers laissa donc, de N... N..., demeurée sa veuve en 1348, une fille mineure :

A. *Jeanne* de Waziers, femme du chevalier Josse *de Halluin*, sire de Hemsrode (1).

(1) Ainsi qualifié dans un acte du 10 mars 1386 (v. st.), étant arbitre entre « Mgr Wautier, sire de Halluin », et ses co-héritiers (archives du parlement de Flandres, greffe de Malines, sac n° 1362).

Le 12 avril 1360, à Gand, le comte Louis II consentit à convertir en une rente viagère aux deux vies, dit-il, de « n^re amé chl^r, messire Joosse de Halewin », et de sa femme « dame *Jehane*, fille et hoir de messire *Nicole* de Wasieres », la rente « heritable » donnée « en temps passé » à ce dernier par « n^re tres chiers sires et peres, qui Diex absoille », mais qui n'était plus payée depuis longues années ; « combien quil samble à nous et à n^re conseil... que nous ne sommes point tenus à ladite rente payer, nientmains pour les bons services que ledit messire Joosses nous peut faire et fera tant quil vivra, et adfin quil nous soit tenus de servir en tous estas contre tous », la rente viagère sera payée aux deux époux, sur le domaine de Menin (1er registre des chartes, f° iiij^xx v°).

D'après les généalogistes, le chevalier Josse de Halluin fut gouverneur du comté de Réthel, qui appartenait au comte de Flandre (cf. le Père Anselme, III, p. 907).

Jeanne de Waziers, veuve dès l'an 1390, mourut vers 1399.

En 1390, « noble dame madame de Wasiers, dame de Hemserode et d'Esvin », acheta de « noble dame madame de Bondues » le viage d'un fief sis à Esvin, rele-

vant de Lens; le *treffons* (la nu-propriété)
était acquis par « demiselle Jenine (?) de
Hallevin, femme de Josse de Lestage ». En
1399, le fief d'Esvin, délaissé par « feue
noble dame madame d'Esvin », fut relevé
par Pierre de Belleval, écuyer, mari et
« bail » de dame Gille de Miraumont, et
par « noble dame madame *Jehane* de Wasiers, vesve de feu mons^r de Flequieres »
(voir ci-après : IX 5°). En 1452, la terre
d'Esvin, provenue de feu Jean de Boucly,
seigneur d'Esvin, fut relevée : 1° par Jean
Katerine, au nom de sa femme ; 2° par le chevalier Robert de Miraumont ; 3° par *Jean*
de Waziers (voir XI 2°); 4° par le chevalier
Colart de Commines (voir IX 3°), souverain
bailli de Flandre (1).

Hellin III et Alix de Commines eurent en outre
des filles :

6° *N....* de Waziers, mariée au chevalier
Guillaume *de Jauche*, sire de Gommignies,
fils de Gérard, chevalier, sire de Jauche, et de
Berthe *de Bruel*. On lit en effet, dans les
généalogies de Bauduin d'Avesnes : « Li se-
cons filz mons^r Gerart (sire de Jauche) ot non
Guill^e, il tint en p(ar)son la terre de Gomi-
gnies, il print à femme la fille le seigneur

(1) Arch. départ. à Lille, comptes du domaine de Lens.

de Wasiers, si ot de li j fil et une fille. Li filz ot non Guill⁰ » (1).

7° N..... de Waziers, mariée à Florent *de Saint-Ylier;* en 1301, celui-ci tenait en fief du seigneur d'Heudincourt, *Hellin* IV, « dix livrées de terre à lui données en épousant la sœur dudit *Hellin.* » (2)

VII. Hellin IV de Waziers, chevalier du roi (1315), sire de Heudincourt et de Commines, épousa N.... *de Chaule,* « fille au grant signeur de Chaule. » (3)

Dans un acte du 10 avril 1301 (v. st.), il est qualifié : « messire Hellin de Wasiers, sire de Heudincourt, » laquelle « ville » il tenait médiatement du comte d'Artois, sauf la tour et le vinage qui étaient tenus du roi, à cause du château de Péronne (Inventaire des chartes d'Artois, II, page 462).

Au mois d'août 1303, il confirma « les lettres men chier pere, mon seigneur *Hellin* de Wasiers, jadis seigneur de Heudincourt, cui Dieus assolle », relati-

(1) Bibl. nation., Ms. fr. 15460, f⁰ 98 v⁰, col. 2.
Cf. le baron Leroy, *Chronicon Balduini Avennensis,* Anvers, 1693, in-f⁰, p. 18.

(2) Godefroy, Invent. des chartes d'Artois dressé en 1788, II, 1288-1303, p. 462; Ms. des archives départ. à Lille.

(3) Lignage de Waziers, Ms. du XV⁰ siècle, publié par le comte Paul du Chastel de la Howardries, pp. 202 à 210 de la *Généalogie de la famille du Chastel de la Howardries,* Tournai, 1872, in-8⁰.
C'est grâce à cette publication que nous avons réussi à mettre de l'ordre dans la série confuse des Hellin de Waziers.

ves au contrat passé, en mai 1272, avec l'abbaye de
Vaucelles; sa charte débute ainsi : « Jou *Hellins* de
Wasiers, sires de Heudincourt, ch^{rr} »; son sceau armorial, à l'écusson en abîme à la bande brochant,
porte cette légende : + *S' Hellin de Wasiers, escvier*;
quoique devenu chevalier, il avait donc conservé le
sceau dont il usait dans sa jeunesse (1) ; il déclare
agir en qualité de « fius et oirs dou devant dit mon
segneur Hellin » ; le comte et la comtesse d'Artois,
en novembre 1302, avaient confirmé aussi le contrat
du mois de mai 1272 ; déjà nous avons cité la confir-
mation des mêmes actes par la veuve d'*Hellin* III, le
14 août 1303 (titres de Vaucelles).

En 1309, il se qualifie : « *Hellins* de Wasiers,
sires de Commines et de Heudincourt, chevaliers »
(2); son frère cadet *Robert,* seigneur de Commines,
n'existait plus alors.

En récompense des bons services que lui avait
rendus, dans les guerres contre les Flamands rebelles,
Hellin IV de Waziers, le roi Philippe le Bel lui
donna une rente viagère de 60 livres parisis sur la
terre de Miraumont ; par lettres patentes en date à
« Veilly », du mois d'août 1315, le roi Louis le Hutin
convertit ce don en rente héritière : *Nos actendentes
grata servicia, per dilectum nostrum, Helluinum*

---

(1) Il l'avait encore en juin 1313 (no 361 de la *Table* des archives
municipales de Douai).

(2) Arch. départ., 1er cartul. de Fl., pièce 4, fo 6 ro. — Cf. J. de
Saint-Genois, *Invent. analyt. des chartes des comtes de Fl.,* Gand,
1843-1846, in-4o, p. xliij.

de Waseriis, militem, nostrum et d^{no} genitori nostro, dum viveret, in guerris Flandren^s, quarum occasione onera dampnaque gravia sustinuisse dinoscitur, fideliter exhibita. Le 20 janvier 1318 (v. st.), Hellin IV, assisté de ses deux enfants, vendit la rente au chapitre de Notre-Dame d'Arras (1).

Hellin IV eut deux enfants :

1° Hellin, qui suit.

2° *Alix* de Waziers, nommée en 1318 dans la vente de la rente de Miraumont.

VIII. HELLIN V, chevalier (dès l'an 1318), sire de Waziers, de Heudincourt et de Commines, épousa Agnès *de Barbançon*, fille du seigneur de Barbançon et de N... *de Dargiès* (2). Il florissait en 1345 et eut de sa femme :

IX. HELLIN VI, chevalier, sire desdits lieux, épousa : 1° Béatrix *d'Aveluis*, fille du seigneur d'Aveluis et de N... *de Sombreffe;* quand il l'épousa, en 1348, il n'était encore qu'écuyer ; sa femme lui apporta la terre d'Hennin-Liétard en partie, relevant de Lens (comptes du domaine de Lens) ; — 2° Jeanne *de Berghes*, fille du chevalier Guillebert. Il mourut le 5 avril 1411.

Froissart cite, en avril 1360 : « li sires de Wasiers,

---

(1) Arch. départ., chambre des comptes, carton B 551, pièce n° 5222.

(2) Il y a un village de ce nom dans l'ancienne Picardie, arrondissement de Beauvais.

li sires de Wauurin », parmi les gentils hommes »
qui sortirent de Paris contre le roi d'Angleterre.

Le sceau d' « Hellin, seigneur de Wasiers », est
pendu à un acte passé à Arras, le 19 mai 1369, pour
se rendre *plege* (caution) vis-à-vis du comte de Flandre et par « commandement du roy notre sire », à
l'occasion de l'abandon de la Flandre wallonne (1) :
l'écu penché, à l'écusson en abîme à la bande brochant, est timbré d'un heaume cimé d'un pompon
entre deux cornes, et est supporté par deux lions,
dans un encadrement ovale gothique ; le même sceau
se trouve aux archives de notre ville (n° 612 de
la *Table*), pendu à un acte du 27 juillet 1383.

De ses deux femmes, Hellin VI laissa cinq enfants.

De la seconde, un fils :

1° Hellin, qui suit :

De la première femme trois filles :

2° *Marie* de Waziers, héritière de Waziers
et d'Hennin-Liétard en partie, mariée: 1° à
Jean, chevalier, seigneur *de La Hamaide*,
qui, en 1385, comme « baux » de sa femme,
releva la terre et pairie d'Hulluch, mouvant
de Lens et provenue de « feu noble homme
mons' de Villers ; » pareil relief étant fait
par François de Noefville *dit* de Matringhe-
hen, écuyer ; — 2° vers 1398 à «noble homme
Briffault *de Sorel*, escuier ; » Madame de La

_____

(1) Arch. départ., chambre des comptes, carton B 916.

Hamaide mourut vers 1413 (comptes du domaine de Lens).

3° *Jeanne* (première) de Waziers, dame de Commines, mariée à Colart *de Le Clite*, chevalier, seigneur de Renescure et du Til, gouverneur de la Flandre wallonne en 1374, dont la postérité prit le nom de Commynes.

Elle fut l'aïeule paternelle de l'illustre historien Philippe de Commynes.

4° *Catherine* de Waziers, épouse : 1° avant 1379, d'Amoury *Pourchel*, écuyer, seigneur de Frémicourt, mort vers 1382, fils de Ricart, chevalier, seigneur de Frémicourt, gouverneur de la Flandre wallonne en 1364, et de Marie *des Wastines* ; 2° de Watier *de Vertaing*, chevalier, seigneur d'Aubigny (au Bac lez-Douai), dont elle était veuve en 1407.

Une transaction passée devant échevins de Douai, le 23 avril 1382, entre « noble demiselle *Caterinne* de Wasiers » et les tuteurs de Jeanne et Marguerite Pourchel, ses enfants mineurs, mentionne l'intervention de « haulx et poissans seigneurs : monsʳ de Wasiers et de Heudincourt, pere de ledite demiselle et taïon desdis enffants, monsʳ de Villers et de Huluch (1) [*alias* : monsʳ d'Aveluis] et

(1) *Marie* de Waziers (IX 2o) en hérita en 1385.

1457. « De noble homme messire Hues, seigneur de Villers et Hulluc, de messire *Hellin* de Waziers, de messire Robert de Montegny en Ostrevant, de messire Jean *dit* Noiseux, seigneur de Gheulesin, chevaliers. » Goethals, p. 59.

mons' Collart de Le Clite, seigneur de Commines, oncle desdis enffans » (1).

Elle mourut à Douai, vers la fin du mois
d'octobre 1428, ayant fait, le 4 et le 27 septembre, un testament et un codicile qui furent « empris » le 3 novembre. Elle avait
enrichi le chœur de l'église Saint-Pierre, sa
paroisse, d'une « ymage monsieur saint Philippe », au plus près de laquelle « que faire se
porra » elle élit sa sépulture (2).

De sa seconde femme, Hellin VI laissa encore une
fille :

5° *Jeanne* (seconde) de Waziers, mariée à
Thomas *de Bauffremez*, chevalier, seigneur
de Fléquières, vivant en 1377, et dont elle
était veuve en 1391. En 1399, elle releva la
terre d'Esvin, mouvant de Lens et provenant
de la feue dame d'Esvin (voir ci-dessus, VI
5° A).

X. Hellin VII de Waziers, écuyer, épousa Catherine *Malet*, fille de Gille, chevalier, seigneur de Ville-
pescle, maître d'hotel du roi, châtelain de Pont-
Sainte-Maxence, vicomte de Corbeil et seigneur de
Soisy, mort en 1410, et de Nichole *de Chambly*, sa
veuve en 1411. L'an 1373, « Gilet » Malet, valet de
chambre de Charles V, avait inventorié la bibliothè-

(1) Arch. municip., contrats en chirographe.— Cf. Guilmot, Extraits ms., III, pp. 1071, 1217, 1258, 1274, etc.

(2) Id., reg. aux testam., 1412-1428, f° 286.

que royale. MALET : Fascé d'hermines et de gueules de six pièces, à une coquille de gueules sur la première fasce à dextre. CHAMBLY : De gueules à trois coquilles d'argent, la première cachée sous un franc quartier fascé de six pièces d'argent et de gueules, les fasces d'argent chargées chacune de trois coquilles de gueules (1).

Hellin VII semble être mort avant son père.

XI. Louis de Waziers, écuyer, seigneur d'Heudincourt, épousa Jeanne *de Flavy*, fille du seigneur de ce lieu.

Le 23 mars 1416 (v. st.), il fit hommage pour sa tour d'Heudincourt, les terres de Buyres et de Boucly, etc. En juin 1423, il obtint rémission du roi de France et d'Angleterre, pour avoir tiré vengeance, à Heudicourt, d'un individu qui l'avait gravement outragé ; on y rappelle qu'il avait servi, dans le parti des Bourguignons, aux siéges de Crépy en Laonnois, Melun, Saint-Riquier en Ponthieu, Araines, Meaux, etc., ainsi qu'à la bataille gagnée par le duc Philippe le Bon, « à son partement de Saint Riquier, près du molin de Saint Valery. » (2)

Louis et sa femme eurent plusieurs enfants, notamment :

---

(1) *Le Magasin pittoresque*, Paris, 1861, in-4o, p. 171. — *Catalogue des ms. français* de la Bibl. nation., Paris, 1868, in-4o, l, p. 445, col. 2. no 2700. — *Mém. de la Soc. des antiq. de Picardie*, Amiens, 1865, in-8o, 2e série, X, p. 92. — Cf. le Père Anselme, VI, p 708. et VII, p. 869 D.

(2) *Mém. de la Société des antiq. de Picardie*, 2e série, X, p. 92.

1° *Hellin* VIII de Waziers, qui mourut sans hoir.

2° *Jean* de Waziers, qui releva la terre d'Esvin en 1452 (voir ci-dessus, VI 5° A) et qui continua la postérité.

Nous arrêtons ici notre travail sur la branche de Waziers; pour la suite de la filiation, on peut se reporter avec confiance au P. Anselme (VI, page 708) et surtout à la généalogie dressée par Goethals (pages 114 et suivantes).

Il y avait à Wavrin un fief dit de Wasiers, tenu en haute justice de la Salle de Lille et consistant en un manoir, dix bonniers de terre et des rentes; vers 1396, le sire de Wavrin, moyennant deux cents francs, l'acquit des époux Jean d'Audrignies, chevalier, seigneur de Tourcoing et de Templeuve en Dossemer, et Yolent de Mortagne, « à prendre apres le deches de demiselle Marie Florine, vesve de feu Jehan Florin » (1).

Mélanges synonymiques de Waziers.

Plusieurs anciennes familles, étrangères à la race de Wavrin, ont porté le nom de Waziers, qu'elles ont tiré, les unes du même village que nos Waziers,

---

(1) Arch. départ., chambre des comptes, carton B 1261, pièce no 13459 bis.

La dame de Tourcoing était sœur utérine de *Robert* VI, sire de Wavrin, tué en 1382 (voir VIII, 1° A).

une autre d'une localité différente. A l'époque qui fait l'objet particulier de ce travail, c'est-à-dire au XIII* siècle, les synonymies sont très-communes ; seules les armoiries peuvent empêcher les confusions.

En 1209, était seigneur de Waziers le chevalier Nicolas (*Nicolaus miles de Wasiers*), qui fit consigner par écrit la « loi » de sa terre, dont les échevins « allaient à enquête » à Douai (titre de la collégiale Saint-Pierre). La même année, au mois de décembre, dans un titre de l'abbaye de Marchiennes, apparaît le même personnage (*Nicholaus de Wasiers*) avec sa femme Ermengarde de Douai-Auberchicourt (*Ermengardis, uxor ejus, soror Balduini militis de Obrechicort*).

On trouve, en 1207, à Estrées, en la maison du prévôt de Douai : Gérard de Wasiers et Isabeau de Noyelle, peut-être sa femme (*Gerardus de Wasiers, Elizabeth de Nigella*), vassaux dudit prévôt (titre de Sainte-Croix de Cambrai). En mai et juin 1213, le chevalier Gérard de Wasiers, du consentement de sa femme et de ses frères Hugues et Simon, engage à l'abbaye du Cateau sa dîme de Lambres, tenue du sire d'Oisy; en juillet 1220, le même, avec Isabeau (1), sa femme et Hugues de Wasiers, son frère, chevalier croisé sur le point de partir pour Jérusalem, aliène cette dîme; sa femme reconnaît que son douaire avait été assigné sur une seigneurie sise à Waziers (*apud Wasiers*); il y est parlé de leur fils mineur Alard et

(1) Isabeau (en latin : *Elisabeth*) de Marbais, selon Saint-Genois, *Mémoires généalog.*, Amsterdam, 1784, in-8o, II, p. 527.

de leur fille (titres de Saint-André du Cateau-Cambrésis). En 1219 et 1221, le chevalier Gérard de Wasiers est témoin d'actes passés devant le sire d'Antoing (titres de Marchiennes et de Saint-Pierre de Lille). En 1228, le chevalier Hugues de Wasiers, comme seigneur à Féchain en Ostrevant, amortit une terre sise audit lieu ; son sceau armorial est au lion, brisé d'un lambel de quatre pendants ; son frère le chevalier Gérard figure parmi les témoins (titre de l'abbaye de Sin). En janvier 1228 (v. st.), les chevaliers Gérard et Hugues de Wasiers, avec Alart, fils dudit Gérard, sous la caution de Bernard de Le Mer, empruntent une somme à un bourgeois de Douai devant échevins (nº 20 de la *Table*). En 1245, le chevalier Gérard de Wasiers, Isabeau, sa femme, et Gérard leur fils, vendent au chapitre de Saint-Pierre de Douai leur dîme de Waziers qu'ils tenaient en fief du seigneur du lieu ; feu Alard, leur premier né, est rappelé dans l'acte. En août 1278, Isabeau, veuve du chevalier *Gillion* (Gille) de Wasiers, vend la récolte d'un champ tenant « à le tiere me dame Marie de Wasiers » (chirographe des archives de la ville). En 1282, la même, demeurant à Waziers depuis quarante ans, témoigne dans une enquête. En 1285 et 1296, elle cède à Wautoul de Wasiers, son fils, des terres situées en ce lieu ; en 1325 et 1339, il est question des enfants dudit feu Wautoul, savoir : Jean de Waziers, clerc, Saintain de Waziers, femme de Colart *dit* Gringnart de Raisse, clerc, fils de feu Jean, et Marie de Waziers, femme de Jean Loffroy *alias* Li Auffrois (titres de Saint-Amé). Isabeau la veuve du chevalier Gille de Waziers, avait testé en 1287. (1) Nous trouvons encore, en décembre 1278, Jean de Wasiers, « fius monsigneur Guillion de Wasiers, chevalier ki fu, » achetant à un bourgeois de Douai quatre « kierkes d'alun, » et en 1292, le 20 avril, « Colars, fius mon singneur Gillon de Wasiers, cevaliers ki fu, Willaumes de Wasiers, li couvreres, et Andrius Des Prés, » faisant un emprunt à un autre bourgeois. (2)

En résumé, cette famille de Wasiers, — possédant une seigneurie dans la localité de ce nom, portant un lion brisé d'un lambel, et faisant acte de vassalité vis-à-vis des prévôts de Douai, dont les armes étaient au lion, et des seigneurs d'Antoing, héritiers de nos prévôts,—nous semble se rattacher à la maison des premiers prévôts de Douai, issue elle-même, semble-t-il, des sires d'Oisy.

Une autre famille de Wasiers portait une bordure brisée d'une bande losangée et était absolument étrangère au village situé près de notre ville ; ses principales possessions se trouvaient du côté de Marchiennes. En 1268, le chevalier Michel de Wasiers obtint la justice vicomtière pour son fief de La Rosière (titre de Flines), mouvant d'Orchies et connu depuis sous le nom de seigneurie de Le Loire. En 1272, il acheta des terres sises à Beuvry, juridiction de l'abbaye de

---

(1) *Souv. de la Fl. wall.*, XIV, pp. 62-63.

(2) Arch. municip., contrats en chirographe. Guilmot, Extraits mss., III, pp. 1169 et 1170.

Marchiennes (titre scellé). En 1275, il figure parmi les seigneurs du comté qui se rendent garants vis-à-vis du roi (Douet d'Arcq, sceau n° 3951). Vers la fin du XIIIe siècle, il est parlé d'une terre située à Cantin, appartenant alors à l'abbaye de Flines et précédemment à « M^{er} Mikiel de Wasiers ». D'après les anciennes généalogies dites de Bauduin d'Avesnes, sa fille Ada épousa Gille de Berlaymont, fils de messire Gille et d'Ida d'Avesnes *dit* de La Flamengrie.

Ces Wasiers-là portaient une bordure (avec une brisure) comme des Landas-d'Eyne et les Wastines, dans le voisinage desquels se trouvaient leurs principales possessions.

A la même famille semble appartenir Potin (*Potinus*) de Wasiers, vassal de Marchiennes en juillet 1251 et témoin de la vente de la seigneurie de Tilloit, faite par le sire de Cysoing à l'abbaye de Marchiennes.

Branche de Goisaucourt.

Les branches de Saint-Venant et de Waziers, que nous rattachons d'une manière certaine au tronc de Wavrin, avaient abandonné leur nom patronimique; au contraire, la branche de Goisaucourt qui, dans l'état actuel de nos recherches, est sans attache, conserva le nom de Wavrin. Elle est demeurée inconnue à Goethals; le P. Anselme (VI, page 704) en a soupçonné l'existence; ce que nous en savons est trop incomplet pour être présenté sous forme de crayon généalogique.

En 1257, vivait le chevalier *Jehan* de Wavrin, vassal de la comtesse Marguerite et possesseur d'un bois contigu à celui de Raisse, cédé par la comtesse à l'abbaye de Flines. Ce bois, dit de Wavrin en 1368, contenant onze bonniers et mouvant de Landas, appartenant alors à l'abbaye; une moitié provenait d'Engherran de Raisse, fils de Willaume *dit* Buridan, et l'autre moitié d'Isabeau de Montigny, femme de Nicolas, sire de Lallaing (1). En 1259, le 3 juin, à Arras, dans le palais du comte, aux plaids tenus par le comte de Saint-Pol, *bail* (régent) d'Artois, et la comtesse douairière d'Artois, sa femme, sont présents, comme barons du comté, sous la présidence de « messire *Robert,* sénéchal de Flandre », les chevaliers ici désignés : « Messire *Hellin* de Wavrin (voir IV 2°), messire *Jehan* de Wavrin, messire Manessier Cauderon, messire Hues de Ruet, messire Bauduin Cauderon, messire Philippe de Remi (2). En décembre de la même année, Hugues, chevalier, châtelain de Gand et sire de *Husdinium* (Houdain en Artois), vendant un bois situé en *Mat¹mont, versus Rogiersart, as Vaucheaus de Houlin,* du consentement de son fils Hugues et de sa femme Marie, au douaire de laquelle il a affecté son bois *de Forestel de Baisu,* passe l'acte devant le bailli d'Arras et des vassaux du comte

(1) L'abbé Hautcœur, *Cartul. de l'abbaye de Flines,* Lille, 1873, in-8°, pp. 114, 122, 644, 646, 940, 944.

(2) Godefroy, Invent. des chartes d'Artois, dressé en 1788, I, 1102-1287, pp. 255-256; Ms. des arch. départ. à Lille.

d'Artois, ses pairs (*homines autem* dni *comitis de Artesie, pares mei*), savoir, les chevaliers : Johannes *de Wauring, Robertus de Boua*, dns *de Moronual, Alelmus Lagans et Robertus dictus Li Vers* (1).

Au mois de novembre 1273, **Hellin** de Wavrin, « fius monsigneur *Jehan* de Wavrin, chevalier ki fu», vendait à un bourgeois de Douai la dépouille de quatorze bonniers de bois et donnait pour cautions Robert de Rebreuves et Bauduin de Saucoit, bailli de Landas (2).

En janvier 1313 (v. st.), le roi abandonna au sire de Landas l'hommage et la haute justice de ce que le chevalier **Hellin**, sire de Goisecourt, tenait à Landas (3) ; c'est peut-être le personnage que le P. Anselme (VI, page 704) désigne ainsi : *Hellin* de Wavrin, seigneur de « Gasincourt », époux d'Isabeau, dame de Cottenes.

On trouve une delle N..... de Wavrin, femme, vers l'an 1300, de Guillaume *dit* le Bleu, seigneur *de Montigny* en Ostrevant, lequel vivait encore en 1318 ; elle fut mère d'Eustache, sire de Montigny en 1325. Cela résulte des quartiers du Bon Chevalier Jacques de Lalaing, dont le bisaïeul Nicolas, sire de Lalaing, avait épousé Isabeau de Montigny, fille

(1) Archives départ., titre scellé du fonds de l'abbaye de Loos. — Cf. Du Chesne, *Preuves de l'Histoire des maisons de Guines, d'Ardres*, etc., Paris, 1631, in-fo, p. 526.

(2) Arch. municip., contrat en chirog.. Guilmot, Extraits ms., III, p. 1167.

(3) Arch. nation., carton J 529.

d'Eustache. Ce que nous avons dit plus haut touchant le bois de Wavrin, acquis par l'abbaye de Flines, nous fait penser que la femme du Bleu de Montigny appartenait à la branche de Goisaucourt.

En août 1330, un individu , faisant une vente à l'abbaye de Vicogne, donne une garantie sur ce qu'il tenait à Landas, tant du seigneur de ce lieu que « de noble homme monseigneur *Hellin* de Goysiaucourt » (1).

Lors d'une sentence rendue à Marchiennes, le 16 août 1332, par le bailli de Douai et d'Orchies, figurent : le chevalier *Jean* de Goisaucourt, *Hellin* et *Hector*, ses fils (titre de Marchiennes).

En juin 1336, le chevalier Willaume de Raisse achète à *Hellin* de Ghoisaucourt huit bonniers de bois situés à Landas (titre de Saint-Amé).

Dans un compte du grand bailliage de Hainaut de l'an 1367 (17e jour de *giskerech* ou juin, au 18 février suivant), au chapitre des recettes pour « dons, quins et painnes fourfaites », on lit, au f° 5 : « Donné par monsr de Ham sur monsr *Hector* de Goissaucourt, pour environ ix xx frans faire avoir ».

Vers 1396, *Allart* de Wavrin *dit* de Goisaucourt vendit au seigneur de Landas le demi-quint du fief de Goisaucourt (à Landas et mouvant de Douai) dont il se réservait le viage (2).

(1) Bibl. nation., collection Moreau, vol. 226, fo 193.

(2) Arch. départ., chambre des comptes, compte du bailli de Douai, du 8 janvier 1396 (v. st.) au 7 mai 1397.

Le 5 avril 1410, après Pâques, jura la bourgeoisie de Douai *Marie* de **Wavrin** *dit* de Goisaucourt, veuve de Jean *Lyauwart* dit *Barult*, avec quatre enfants dudit feu (1er registre aux bourgeois, 1380-1572, fº xviij vº).

Famille de Bauffremez.

Selon le P. Anselme (VI, page 709), qui suit ici un travail généalogique sur les Langlée fait par Jean Scohier, de Beaumont, vers 1596, les Bauffremez et les Langlée descendraient d'un *Hellin* de Wavrin, vivant en 1192 et frère légitime du sénéchal Robert Ier; mais cet Hellin n'est autre en réalité que le seigneur d'Heudicourt, chef de la branche de Waziers. Quant à Goethals, il fait, sans preuves selon sa coutume, descendre les Bauffremez et les Langlée d'un prétendu Henri de Wavrin, frère bâtard du sénéchal Robert Ier.

Nous trouvons, en 1174, parmi les vassaux du sénéchal Hellin I, *Lambert* de *Balfromeis* (titre de l'abbaye de Loos).

L'an 1231, en l'église Saint-Piat de Seclin (*in templo sancti Piati Sicliniens*), le 30 juin (*in crastino beatissimorum Petri et Pauli apostolorum*), les chevaliers Urson de Fretin (*Urso de Fertin*) et Gille de Has, son fils, du consentement d'Emma, femme de celui-ci, affranchissent du lien féodal le manoir (*mansus*) d'*Alard de Baufremés*, bourgeois de Lille, situé à Eskermes (*apud Eskelmes*), et en investissent *Jacques*, clerc, fils dudit *Alard* (id.).

En mars 1274 (v. st.), parmi les vassaux de la Salle de Lille, figure *Alars* de *Baufremés*, après les chevaliers Baude Li Boirgnes (Le Borgne) et Phelipes de Ham (titre de l'abbaye de Marquette).

Jehane alias *Marote de Baufremés*, femme, en 1276, du chevalier lillois Bauduin *dit* le Borgne, portant : Echiqueté (d'argent et d'azur) au chef (de gueules), qui est *d'Espaing* (cf. le P. Anselme, VI, page 711), était veuve, en février 1286 (v. st.), avec un fils notamment, qui s'appelait Jean d'Espaing et qui brisait les armes paternelles d'un lambel de quatre pendants (Demay, sceaux n$_{os}$ 600 à 602).

En 1280, vivait *Thomas* de *Beaufremés* ou *Baufrumés*, qui, en juillet 1288, était bailli de l'abbé de Cysoing, et, en juin 1296, vassal du sire de Wavrin (1).

Pieres de *Baufremés* figure parmi les principaux *damoiseaux* lillois qui vinrent aux joutes du Blanc Rosier, tenues à Douai, les 1er et 2 mai 1284 (2).

En 1287, *Pierre* de *Beaufremés* était l'époux de dame Marie, veuve du chevalier Robert *de Verlinghem* avec lequel elle vivait en 1258 et 1261 (3).

---

(1) Leuridan, *Les Châtelains de Lille*, p. 267. — Bibl. nation., collection des 182 Colbert-Flandres, vol. 73, f° 392. — Arch. départ., fonds de l'abb. de Marquette.

(2) Duthillœul, *Douai et Lille au XIIIe siècle*, Douai, 1850, in-4°, p. 9.

(3) Hautcœur, *Cartul. de l'abbaye de Flines*, Lille, 1873, in-8$_o$, I, pp. 115, 145, 279 et 282.

En 1356, *Hustins* de *Baufremés* cédait au seigneur et à la dame de *Baufremés*, ses père et mère, leur vie durant, le fief qu'il avait à « Courcheles », mouvant de Lens ; en 1360, « messire de Bauffremez » et le chevalier *Hustin*, son fils, acquéraient le quint d'un fief sis à Courcelles et tenu de Lens par ledit seigneur de Bauffremez (comptes du domaine de Lens).

Dans un acte du 4 avril 1364, reçu par le lieutenant de « noble homme monseigneur Piercheual de Gand, chl^r du roy no seigneur et baill. de Lille », figure en tête des « eschevins des Estimaus du roy no seigneur, de sa salle de Lille » : noble homme « monseigneur *Robiert*, seigneur de Bauffremés », chevalier, dont le sceau armorial est à l'écusson en abîme sommé de trois merlettes (titre de l'abbaye de Marquette).

En 1377, le 2 juillet, figure comme échevin « des Extimaus des frans aloes de monseigneur le comte, de sa Salle de Lille », *Thomas* de Bauffremez, seigneur de Flekières, chevalier ; son sceau montre un écu chargé d'un écusson en abîme à trois merlettes en chef, penché et timbré d'un heaume de profil (titre du chapitre Saint-Pierre de Lille). En 1379, Mr de Flequières, chevalier, vendit à Baudin de Doeuvioel, bourgeois de Douai, un fief à Flers, mouvant de Lens (compte du domaine de Lens). Le 4 octobre 1385, donna sa quittance scellée (comme ci-dessus), pour une année de rente héritière sur la terre « de Le Gorgue et de La Leu », appartenant au duc, « *Thumas* de Baufre-

mes, ch^rs, sires de Flequieres et de Wattingniez » ;
le 12 juillet de l'année suivante, semblable quittance
fut donnée par Robert de Marquette, receveur « à
noble et poissant signeur monss. de Flequieres et de
Watignies » (1) ; les généalogistes avaient déjà dit
que le sire de Flequières fut gouverneur du pays de
Lalleu (cf. Goethals, page 143). En 1391 et 1399,
était veuve de M. de Flequière, madame *Jeanne* de
Waziers (voir branche de Waziers, IX 5°).

En 1391, « noble homme *Jehan* de Flequieres »
releva trois fiefs mouvant de Lens et provenant de la
succession de feu Mr de Flequières, son père (compte
du domaine de Lens).

En 1396 et 1403, *Robert* de Bauffremez *dit* de
Fléquières, écuyer, tenait la terre de Courcelles par
legs de Mr de Fléquières. En 1413, le chevalier *Robert* de Beauffremez vendait trois fiefs relevant de
Lens (comptes du domaine de Lens).

En 1394, *Jean*, chevalier, seigneur de Bauffremez, releva, de la succession de madame de Villers
et de Haponlieu (Marie *de Maignelers*), notamment
le fief d'Haponlieu (à Dourges) mouvant de Lens (id).

En 1402 et 1404, « M^r des Obeaux, chevalier,
mari de dame *Agnès* de Bauffremez, » releva notamment le fief d'Haponlieu après les décès successifs de
« noble homme Mr de Baufremez » et de *Gadiffer*
de Bauffremez (reliefs de Lens, L 10, pages 35 et 37).
Les lettres datées de Lille, le 30 juin 1405, que

---

(1) Arch. départ., chambre des comptes, carton B 1041, pièce
11526, et carton B 1049, pièce no 11593.

« messire Jehan de Hignettes (*sic*; lisez *de **H**ingettes*), seigneur des Aubeaux, chl^r, » obtint du duc Jean Sans-Peur, donnent des renseignements précis sur les derniers seigneurs de Bauffremez : « en temps passé, feu *Gadifer* de Baufremez, frere de la femme dudit exposant, son heritiere seule et pour le tout après son decès, » (1) « pour plus^s cas par lui commiz et perpetrez, » avait été condamné « par les gens du conseil » du feu duc Philippe le Hardi (mort le 27 avril 1404), « de sa chambre à Lille, » en 1200 *nobles*, et, faute de paiement, avait été emprisonné au château de Lille, « par lespace dun an ou environ » ; « et finablement, tant fu traitié lors, par devers reverend pere en Dieu leuesque d'Arras » (Jean Canart), chancelier du feu duc, « que, moyennant ce que ledit feu *Gadifer* paia lors promptement iiij^c nobles..., et que le seigneur de Baufremez, frere dicellui feu *Gadifer*, fist seurté souffisant de, après son decès, estre prins, à ladite cause, sur ses plus apparans biens et mesmement sur aucuns fiefz quil tenoit » du feu duc, « de son chastel de Lens, autres iiij^c nobles, » le feu duc fit remise « audit feu Gadifer » des « autres iiij^c ; » puis, « ledit seigneur de Baufremez » étant « alé de vie à trespas », « les iiij^c nobles de ladite

---

(1) Goethals, p. 148, donne, sans preuve comme toujours, à la dame « d'Escaubeaux » (*sic* ; lisez : des Aubeaux), un frère légitime *Jean* de Bauffremez *dit* Camus, lequel aurait continué la postérité jusqu'au XVIIIe siècle : mais devant les affirmations des lettres de 1405, constatant qu'*Agnès* hérita de ses frères, « seule et pour le tout, » il faut voir dans ce Camus ou un bâtard ou un étranger à cette branche.

seurté » furent payés ; seulement ledit feu *Gadifer*,
« en son vivant, » négligea d'obtenir décharge et
quittance définitives, « par lettres » du feu duc,
« ne autrement, » afin de bien constater « la
parpaie, » au sujet des « iiij^c nobles » qui lui avaient
été « quittiez : » négligence qui s'expliquait, « eu re-
gard... au petit gouvernement desdis feux freres en
leur vivant et mesmement dudit feu *Gadifer* ; »
le duc Jean Sans-Peur, qui déjà avait fait informer,
dès le 30 mai précédent, » voulut qu'une quittance
définitive fût accordée au seigneur des Aubeaux, en
sa qualité d'époux de l'héritière et ayant cause des
deux frères (5° registre des chartes, f° xx). D'après
son sceau, de l'an 1418, *Agnès* de *Baufremés*, dame
des Aubeaux, portait de Wavrin brisé de trois merlettes en chef (cf. Demay, n°s 1088 à 1090). En 1444,
« M^r des Obeaux, » son fils, releva le fief d'Haponlieu, à lui « venu de Madame sa mère » (L 10,
page 83).

Loys de Bauffremez fut nommé receveur du domaine de Lens, par lettres patentes en date à Lille ,
du 8 octobre 1450 ; il était encore en fonctions en
1467 (comptes de Lens).

Jean de Bauffremez était bailli d'Arleux en 1459
(n° 1015 de la *Table* des archives de Douai).

En 1501, comme *Jean* de Bauffremez, écuyer, ac-
quiert un fief de « sergentise » de Lille , figure
parmi les feudataires de la Salle de Lille *Bertran* de
Bauffremes , portant l'écusson en abîme brisé d'une

merlette au canton sénestre ; le heaume cimé d'une tête de cheval bridé (Demay, sceau n° 2675).

Waleran de Bauffremez, écuyer, bailli du chapitre de Lille en 1529, portait l'écusson en abîme accompagné de trois merlettes en chef et d'un annelet en pointe ; le heaume cimé d'une tête de licorne bridée; supports: deux lions (Demay, sceau n° 6366).

Dans un acte du 15 avril 1547, après Pâques, apparaît *Wallerand* de Bauffremez, écuyer, seigneur de Sallomez et du fief de Pierrebais à Radinghehem (titre de l'Abbiette de Lille).

Le 18 octobre 1558, Mᵉ *Anthoine* de Bauffremez, prêtre et chanoine de Notre-Dame à Tournai, déclare tenir un fief à Coutiches, mouvant d'Orchies, à lui échu par la mort de sa sœur, damoiselle *Jehenne* de Bauffremez, veuve de noble homme Jean *de Beauffort*, seigneur de Bailleul-à-Corneilles (chambre des comptes, portefeuille D 394).

A Douai, en avril 1559, fut «empris» le testament de défunts Jean *Laloux* l'aîné, mayeur de Lens et receveur du domaine de l'empereur audit lieu, et damoiselle *Isabeau* de Bauffremez, sa femme (registre aux testaments, 1554-1562, f° 254 v°).

En 1682, *Jean-Baptiste* de Bauffremez, baron d'Esnes en Cambrésis, portait l'écusson en abîme aux trois merlettes en chef (Demay, sceau n° 524).

Famille de Langlée.

Sa généalogie fut dressée, vers 1596, par Jean

Scohier, pour *Jacques* de Langlée , seigneur de Pecques, dernier de sa famille et auquel ses descendants attribuèrent rétrospectivement le nom de Wavrin.

En mai 1252 (1), apparaît *Robert* dit *Viot* de Langlée (Robertus *dictus Viot de Angleya*), vassal du châtelain de Lille pour une partie du vivier d'Esquesmes (*vivarium de Eskelmes*).

Gauweinus de Angleia figure , en 1261 , avec Mathieu d'Espaing, parmi les vassaux du châtelain de la même ville ; on verra plus loin que des Langlée ont porté les armes d'Espaing. Le même *Gauwain del Anglée* apparaît, en mars 1274 (v. st.), comme « homme » de la Salle de Lille (2).

Symo del Anglée ayant vendu à l'abbaye de Marquette un fief de rentes sis à « Waneberchies » et tenu du châtelain de Bailleul, sa femme, *domicella Johanna*, comparut devant l'official de Tournai, en 1287 (v. st), le mardi après la purification Notre-Dame, pour renoncer à son douaire sur le fief vendu (fonds de Marquette).

Thomas de Langlée, vassal du châtelain de Lille en 1292, portait un sautoir cantonné de quatre hermines (Demay, sceau n° 2808).

Antoine de Langlée *dit* de Moliniel, bailli de Cy-

(1) Arch. départ., fonds de l'abbaye de Loos.

(2) Hautcœur, *Cartul de l'abbaye de Flines*, p. 142.—Arch. départ., fonds de l'abbaye de Marquette.

soing en 1334, bailli du chapitre de Lille en 1341 et
1351 (1), portait échiqueté au chef (qui est *d'Espaing*)
chargé d'un écusson burelé au canton dextre (Demay,
sceaux nᵒˢ 2987 , 5271 et 6358). Schoier dit qu'il
portait les armes d'Espaing (le P. Anselme , VI, page
711).

Gauvain de Langlée , lieutenant-bailli du chapitre
de Lille en 1346 et en 1351 , juge rentier du chapitre
en 1354, portait un sautoir engrêlé , à l'écusson en
abîme chargé lui-même d'un autre écusson (cf. Demay, sceaux nᵒˢ 6359 et 2988). On sait que les Langlée modernes portèrent : D'argent au sautoir de
gueules, cantonné en chef de l'écu de Wavrin (2).

L'an 1365 (v. st), le 28 janvier, devant bailli et
« juges » de Wasquehal, comparaît « *Anthonnes* de
Langlée, fiulz de feu *Bauduin* », pour confirmer
l'arrentement d'une terre sise en la « parrosce de le
Magdelaine dalles Lille, à la voie de Bairel », en
« ladite tenure de Wasquehal » ; au dos du titre, est
une mention, datée du 13 janvier 1500 (v. st.),
constatant que « *Jehan* de Langhellé » avait trans-

---

(1) « *Gauwains* de Langelée, lieuxtenans de noble homme et sage
Anthone du Molinel , baillius à sages et discrés le doyen et capitle
de saint Piere de Lille » ; titre sceilé du 12 janvier 1346 (v. st.), du
fonds du chapitre de Lille (cf. Demay, no 6369). — « *Gauwains* del
Anglée, lieutenans de sage et honnerable *Anthoine* dou Moliniel,
baillius » etc.; titre scellé du 31 mars 1351 (v. st.), du fonds de
Marquette (cf. Demay, sceau no 2988).

(2) Le P. Anselme, VI, p. 710.—*Jurisprudentia heroïca*, Bruxelles, 1668, in-fo, planche des quartiers de Lalaing.

porté » ces lettres » à « sœur *Péronne* de Langhelé, sa fille » fonds de l'abbaye de Marquette).

En 1373 et 1389, vivait Marie *Canart*, veuve de *Thomas* de Langlée, mère de Jean de Le Hallerie et viagère de la moitié du fief de La Hallerie à Armentières (1).

Une sentence du 3 juillet 1380 condamna « *Baudars* et *Guis* de Langlée, frères, enfans *Anthosne*, demourans dalez Lisle », qui, en équipage d'hommes d'armes, étaient venus à Douai, l'année précédente, assaillir un bourgeois dans sa propre maison ; elle constate aussi que, depuis leur attentat, ils avaient fait service à leur prince « en le ville d'Ippre « (2), c'est-à-dire le 17 septembre 1379, quand les rebelles Gantois se rendirent maîtres d'Ypres, tuant le sire de Roubaix, le chevalier Houart de La Houardrie et d'autres vaillants capitaines du comte Louis II (3).

En 1394, les 16 et 30 mai, des actes sont passés devant bailli et « juges » de « noble homme, *Bauduin* de Langlée , escuyer , de sen fief de Langlée , d'Esquiermes, de Lesquin et ès marches d'enuiron », *alias* « de son fief de Langlée et de se parrie et seignourie

(1) A. de Ternas et Fremaux, *Hist. généalog. de la famille de Tenrémonde*, Douai, 1870, in-8o, p. 94.

(2) Archives municip., no 603 de la *Table chronologique*.
Sur Antoine de Langlée, Bauduin et Guy, ses fils, cf. Goethals, p. 136.

(3) Froissart, *Chroniques*, édit. Kervyn, Bruxelles, 1869, in-8, IX, pp. 197 et 532.

que il a en le parrosce sainte Caterine en le ville de Lille »; au nombre de ces « juges » figure *Huart* de Langlée qui, dans un acte du 28 juin 1397, passé en l'église « saint Estevene à Lille », apparaît sous le nom et la qualité de « *Hue* de Languelée, juge rentier » du châtelain ; d'après son sceau, il portait : Ecartelé; aux 1 et 4, échiqueté sous un chef (qui est *d'Espaing*) ; aux 2 et 3, un sautoir engrêlé ; sur le tout, un écusson à l'écu en abîme (*de Wavrin*); brisé en chef d'un lambel de trois pendants (titres de l'Abbiette de Lille).

En 1412, *Bauduin* de Langlée, écuyer, portant échiqueté sous un chef, écartelé d'un sautoir, à l'écusson sur le tout, avec heaume cimé et deux lions pour supports (Demay, sceau no 1190), comptait, parmi les « juges » de son fief de Langlée, *Robert* de Langlée, portant un sautoir cantonné en chef de l'écu de Wavrin (Demay, sceau n° 2913), qui sont les armes des Langlée modernes.

En 1460, *Mahieu* de Langlée, prêtre lillois, portait un sautoir chargé d'un écusson en cœur cantonné de quatre feuilles ? (Demay, sceau n° 6617).

Jehan de Langlée, bourgeois de Lille en 1469, portait comme les Langlée modernes, l'écu timbré d'un heaume et supporté par deux lions (id., n° 4658).

Gilles de Langlée, écuyer, lieutenant-bailli de Douai en 1477, portait échiqueté, écartelé d'un sautoir, à l'écu de Wavrin sur le tout, l'écu timbré d'un heaume cimé d'une tête et d'un col de bœuf et supporté par deux lions (id., n° 4995).

Grard de Langlée, écuyer en 1504, portait comme les Langlée modernes (id., n° 1191).

Famille de Beausart et connétables de Flandre.

Les Beausart de Wingles, dit M. Goethals (pages 41 et 168), sont des bâtards de Wavrin, ils descendent de *Robert*, sire de Wavrin, vivant en 1340 (voir VIII 1°), de sorte que la connétablie de Flandre échut à un bâtard. : rien de moins exact que ces affirmations.

De même que l'office de sénéchal appartint à bien des personnages avant de se fixer, pour quelque temps du moins, dans la maison de Wavrin, l'office de connétable subit des transmissions nombreuses où l'hérédité semble n'avoir pas toujours eu part.

En 1093, apparaît le connétable Gérard. Amaury (*Amulricus*) de Ninove l'était en 1102 et 1120 ; son fils Gérard conservait, en 1137 et 1142, le surnom, mais non la dignité de connétable. Bauduin l'était en 1122. Michel 1er, châtelain de Cassel, le fut en 1128 jusqu'en 1150 environ.

De 1151 à 1155, c'est Henri, châtelain de Bourbourg, qui est connétable. Michel II de Harnes, châtelain de Cassel, figure comme connétable depuis 1161 jusque vers 1195. En 1197 et 1201, est connétable Gilles de Trazegnies, sire de Silly, comme époux d'Alix, veuve avec enfants de Philipe de Harnes, sire de Boulers, fils du connétable Michel II. Michel III de Boulers (fils dudit Philippe et petit fils du connétable Michel II) tenait la connétablie en 1212 et en 1229 ; c'est lui qui céda au domaine de Flandre la châtellenie de Cassel, l'an 1218 ; d'après son sceau équestre et son contre-sceau armorial, il portait, comme les Wavrin, un écusson en abîme (Douet d'Arcq, n° 311); les vieux armoriaux attribuent à la bannière de Boulers un écu d'argent à l'écusson de gueules en abîme. Enfin Philippe de Boulers, héritier de Michel III, son frère, apparaît comme connétable en 1230 et 1231; ce n'est qu'après lui que la connétablie de Flandre arriva aux Beaussart; en novembre 1240, il ne prenait plus que le titre de seigneur de Boulers : *Philippus*, *dominus de Bonlar* (voir sa charte et son sceau armorial dans le fonds de Saint-Sépulchre de Cambrai); il semble même avoir renoncé, dès l'an 1233, au titre de connétable.

Les Beaussart de Wingles furent connus d'abord sous le nom *de Meteren*, tiré de quelque fief de la Flandre flamingante. Les deux frères « de Metres, *Boidin* et *Maielin*, artisiens », prirent part, avec le prince Louis (depuis Louis VIII), à la conquête de l'Angleterre en 1216 (1); le premier portait l'écusson en abîme brisé d'un franc canton, et l'autre y ajoutait une nouvelle brisure consistant en un lambel de six pendants (Douët d'Arcq, sceaux n°s 2823 et 2821); à la même époque, c'est-à-dire vers 1215, un troisième de Meteren, nommé *Michel*, brisait le franc canton d'un lion léopardé, passant et couronné (id., n° 2822).

Nous retrouvons le vaillant chevalier *Maielin* ou

(1) *Hist. des ducs de Normandie et des rois d'Angleterre*, édit. Fr. Michel, Paris, 1840, in-8°, pp. 166 et 175.

Maëlin de Meteren, en 1226 et 1227, occupé à terminer une querelle entre le comte et le connétable.
Isabeau, sa femme (*Elisabeth*, en latin), avec laquelle
il vivait en 1229, est appelée, en 1235, par le châtelain de Lille : *karissima consanguinea mea*. C'est
le personnage qui apparaît à son tour, comme connétable de Flandre, en 1242 et 1250. Dans une charte
du mois de mai 1246, il parle de son fils et hoir appa-
rent *Meelins*, et de sa seigneurie de Wingles (collection
Moreau, volume 166, f° 35). En l'église de Wingles,
on célébrait encore au XVI⁰ siècle l'obit de « messire
Maillin des Mettre, chevalier », pour lequel le curé
recevait 20 sols (1).

Maëlin II, chevalier, connétable de Flandre, fils du
précédent , fit hommage à l'abbé de Saint-Vaast
d'Arras, en mars 1256 (v. st.), à raison du marais
annexé à sa seigneurie de Wingles (collection Moreau,
volume 178, f° 180). En octobre 1260, lui et Joie, sa
femme, vendent à l'abbaye de Saint-Aubert la
coupe, disent-ils, « de notre bos ki siet entre Ailin-
cort, no ville, et le gart le signeur de Waulaincourt »
(titre de Saint-Aubert). Vers 1260, il était « bail » ou
tuteur d'*Hellin* III de Waziers (voir branche de Waziers, VI). En 1269, *Robert* de Wavrin (voir branche
aînée, IV 2° A) parle, dans son testament, du sénéchal et du connétable ses oncles. *Maëlin* II avait un
sceau équestre avec l'écusson en abîme (Douët d'Arcq,

---

(1) Compte de la seigneurie de Wingles, 1531-1532 ; archives du
parlem. de Fl., greffe de Malines, sac n° 40.

n° 312) et la légende : + *S' Maihelins: cognostibilis.*
Flandren. militis (titre de l'abbaye de Marquette).

En janvier 1287 (v. st.), le connétable *Meelins*,
afin d'accomplir les intentions pieuses, dit-il, de
« nostres chiers freres *Mikious* jadis de Wingles, chevaliers », dont il était l'héritier, fonda, en l'abbaye
de Marquette, une chapellenie, en mémoire de ses
père et mère, de ses frères et sœurs, de sa femme et
enfin de la comtesse Marguerite.

Quand le roi visita la Flandre, sa conquête, durant l'été de l'an 1301, le connétable *Mahiluinus* eut
l'honneur de servir son souverain, aux gages de 12
sols 6 deniers par jour, soit, pour 28 jours : 17 livres
10 sols (*Recueil des historiens*, XXII, page 522 L).

Dans les actes où il figura, le connétable *Maëlin* II
n'est surnommé ni de Meteren, ni de Beausart, mais
on lui attribua rétrospectivement ce dernier surnom,
notamment dans le procès de sa succession. En l'église
de Wingles, on célébrait l'obit annuel fondé par
« messire *Maillin* de Biaussart », pour lequel le curé
recevait 12 sols (sac n° 40 du greffe de Malines).

Beausart était un fief comprenant manoir, motte,
160 mencaudées de terre labourable, prés, pâture et
un petit bosquet; en 1530, ce n'était plus qu'une
humble « cense » dépendant de la recette de Wingles.
Cette dernière seigneurie relevait du château de Lens;
le titre de connétable de Flandre finit par lui être
incorporé.

On trouve, en 1268, (1) un seigneur cambrésien portant l'écusson en abîme à la bande brochant sur le tout ; dans ses chartes, il s'intitule : « *Hellins* de Biausart, chevaliers, sires de Louvierval, » et sur son sceau : « Hellinus, *miles, dominus de Biausart.* »

La succession du connétable *Maëlin* II, avons-nous dit, fut en litige, notamment son château de Wingles ; cependant il avait pris soin de la régler de son vivant, en déclarant, le 13 août 1291, « com chief ki en set le pure veriteit, » que c'était son neveu (*men niés*) le chevalier *Robert*, sire de Beausart, qui était l'aîné hoir mâle (2) ; mais ce dernier mourut avant le connétable. C'est sans doute ce chevalier *Robert* de Beausart qui, d'après les anciennes généalogies de Hainaut, épousa dame N.... *de Montigny* en Ostrevant, sœur de Guillaume *dit* le Bleu de Montigny et fille de Guy, sire dudit lieu, et de Lucie *de Hondescote*. En 1371, figure, dans la parenté du sire de Montigny, le chevalier *Guillaume* de « Byaussart » *dit* le Bleu. (3)

---

(1) Arch. départ., fonds de l'archevêché, titres de janvier et de février 1268 (v. st.); il cède ses droits sur des pièces de terre situées « à la crois des sieges si com on va de Paillencourt à Wasnes » et qu'avait acquises un chanoine de Saint-Géry à Balian (*Ballyanus, armiger*) de Paillencourt « et demiziele Izabiaus, se feme. » — Cf. Demay, sceau no 537.

(2) Arch. départ., chambre des comptes, carton B 309, pièce no 3263, copie cancellée, sans sceau. — Cf. J. de Saint-Genois, *Invent. analyt. des chartes des comtes de Fl.*, no 817. — Maillart, *Coutum. génér. d'Artois*, Paris, 1739, in-fo, pp. 40, 41 et 44.

(3) Arch. départ., chambre des comptes, carton B 932.

Ce dernier, nous le retrouvons à Douai, en 1388, avec Marie *du Castel,* sa femme, fille de Gille, écuyer, et qualifié : « nobles homs messire *Willaumes* de Biaussart *dit* le Bleu, chevalier, seigneur de Rullecóurt (1), qu'en 1394 (2) on nommait rétrospectivement : « feu noble homme *Willaume* de Biausart *dit* le Bleu de Wingles, chevalier ». La fille de « noble homme mons^r de Rullecourt », qu'on qualifiait de « noble demis^{le} demois^{le} *Angniez* de Biaussart, demis^{le} de Rullecourt, vesue de feu noble homme Jehan *de Le Houssiere,* escuier », résidait, en 1394, « en Chité lez Arras » (3).

Au connétable *Maelin* II succéda *Maelin* III de Beausart, chevalier, fils dudit feu messire *Robert* (et très-probablement petit-neveu, plutôt que petit-fils de *Maelin* II), auquel fut adjugée la terre de Wingles, contre le sire de Wendin, après « bataille jugiée au chastel à Lens » où combattirent « campion afaitiet ». Dans le rôle des chevaliers des marches de

(1) Arch. municip., contrats en chirogr. des 12 juin 1388 et 11 juin 1389. Cf. Guilmot, Extraits, III, pp. 1237 et 1240.—Arch. départ., fonds de St-Amé, Cœuilloir des rentes de 1310, fo 99, et obituaire : « *Obiit Egidius de Castro, armiger* », 24 janvier, addition de la première moitié du XIVe siècle.

(2) Guilmot, p. 1400, d'après un chirographe.

Dans le terrier du fief des Pourchelets à Douai, en 1461, est encore repris, quoiqu'il fût mort depuis près d'un siècle : « mons^r le Bleu de Wingles », comme possesseur d'une terre sise au *pire* (chemin) de Cuincy, et qui avait appartenu à Ghillain (Gille) du Castel. Celui-ci vivait à Douai en 1310.

(3) Chirogr. du 23 juillet, reçu par échevins de Douai, « sur pièce de terre empruntée souffissamment au prevost et eschevins dudit lieu de Chité ». Cf. Guilmot, p. 1250.

Flandre au service du roi en 1303, figure « *dominus* Meslinus *de Biaussart* (*Recueil des historiens*, XXII, page 766). Il eut, non plus un sceau équestre comme *Maelin* II, mais un sceau armorial où l'écusson en abîme est brisé d'une bande de losanges sur le tout (Demay, n° 378). Son concurrent à la terre de Wingles, le chevalier *Mikius*, sire de Wendin, qui se disait aussi le plus « prochain hoir ainsné au vieil connestable », portait, en 1299, l'écusson en abîme sans brisure (1).

Le 18 mai 1321, après dîner (*immediate post prandium*), en la cour (*in aula*) de Harnes, le connétable *Maëlin* II fit hommage à l'abbé de Saint-Pierre de Gand; plus tard, après la mort du connétable, son fils *Robert* renouvela l'hommage (A. de Marquette, page 193).

« Mgr *Mayelin*, chevalier, seigneur de Biausart, connétable de Flandre », vivait encore en 1323 (titre d'Anchin).

Son fils, le connétable *Robert* de Beausart (dit aussi de Wingles), chevalier, sire de Sauty, servit le comte Louis Ier (1322-1346) et fut commis par le comte Louis II pour traiter du mariage de ce prince avec la princesse Marguerite de Brabant, suivant pouvoir daté de « Conflans dalez Paris », le 17 mai 1347, et donné à « nos amez et feals conseilliers, monsr *Robert* de Biaussart *dit* de Wingles, nre cones-

---

(1) A. de Marquette, *Hist. génér. du comté de Harnes*, Lille, 1867, in-8, I, p. 186 et 187 et note 2.

able de Flandres », et le doyen de Bruges, la « journée » étant fixée « à Saint Quentin en Vermendois, à ce prochain jeudi xxiiij jour de may » (1). A Bruges, le 16 juin 1360, le comte Louis II, « en remuneration des bons et loyaux services que notre amé et feal chl^r et conseiller, messire *Robert* de Winghnies (*sic*), connestable de Flandres , a fais , par lonc temps, à notre tres chier seigneur et pere dont Dieux ait lame, et à nous », lui inféode une rente viagère de 300 livres sur la terre « del Alleuue et de Le Gorghe» ; et il ajoute: « parmi ce, il sera tenu de nous servir bien et loyaument, envers tous et devant tous, en tous estas, et de venir devers nous toutesfois que nous le manderons » (1er registre des chartes, f^o iiij$_{xx}$ v^o). Il mourut vers 1370, laissant de sa femme, Laure *Mauvoisin de Rosny* (fille de Guy, chevalier, seigneur de Rosny, et de Roberte *de Beaumez*, châtelaine de Bapaume, époux en 1345 (2)), notamment une fille *Béatrix* de Beausart, mariée : 1º vers 1374, avec Wautier, sire *de Hondeschote ;* 2º vers 1376, avec Hugues *de Meleun*, sire d'Antoing, auquel elle apporta la terre de Wingles et la connétablie de Flandre, immobilisées dès lors dans l'illustre maison de Meleun. En 1391, le sire d'Antoing, au nom de sa femme, héritière (et sœur utérine) d'Ida de Marigny, dame de Tancarville, recueillit les terres de Beau-

(1) Arch. départ., chambre des comptes, carton 807, pièce nº 7558; titre en parch. avec sceau pendant à simple queue.

(2) Id., carton B 839, pièce 7760.

mez, de Croisilles et de Messencoûture (reliefs du domaine d'Arras).

Les vieux armoriaux relatent ainsi le blason des Beausart : D'azur à l'écusson d'argent en abîme à un bâton de gueules engrêlé brochant sur le tout.

Beausart est un nom patronimique que l'on retrouve çà et là ; il y aurait donc lieu à faire un relevé synonymique, travail que nous laissons à la charge du futur généalogiste de la famille de Beausart et des connétables de Flandre.

Famille de Wingles.

D'après un vieil armorial de la fin du XV° siècle, (1) *Jehan* de Wingles, gentilhomme cambrésien, portait : D'azur à l'écusson d'argent en abîme, au bâton engrêlé de gueules brochant sur le tout : ce sont les armes pleines de Beausart.

Goethals s'est borné à donner (page 173) un très-court crayon généalogique des de Wingles de Mœuvres, ne remontant guère au-delà de 1450 ; mais les chartes et les chroniques signalent, dès le XIV° siècle, le nom de Wingles.

Dans un acte de l'an 1346, il est parlé de « noble dame medame *Margherite* de Wingles, dame *de Roisin,* » qui avait acheté des terres sises à Kievrechin (titre de la cathédrale) ; cette dame de Roisin

---

(1) Dinaux, *Archives hist. et littér.,* Valenciennes, 1842, in-8o, nouvelle série, IV, p. 25.

manque dans la généalogie de l'antique maison de Roisin (voir Goethals, *Dictionnaire*, IV).

En 1356, au siége du castel de Breteuil , vers Evreux, commandé par le roi Jean contre les Navarrois et les Anglais, fut tué devant la place *Jakemart* de Wingles ; écuyer du chevalier Robert , sire de Montigny en Ostrevant, « tous deux apperts hommes d'armes malement », au rapport de Froissart.

Willaume de Wingles, vassal du sire d'Oisy en 1408, portait l'écusson en abîme à la bande engrêlée, l'écu timbré d'un heaume cimé d'une tête de bœuf et supporté par deux hommes sauvages (Demay, sceau n° 3661).

En 1432, au nom de « noble demoiselle *Philippe* de Wingles, vesve de Pierre *Dorgny* », Jean Du Pré, demeurant au Chastel en Cambrésis, son gendre, releva un fief mouvant de Lens , sis à Pont-à-Beuvry, « à elle venu de le succession du seigneur de Saint-Simon » ; elle mourut vers 1434 ; en 1471 , par suite du décès de damoiselle Marguerite *Dourgny*, sa tante , Jacques de Bacquehem , seigneur de Liez, relevait le même fief (comptes du domaine de Lens).

«Religieuse et honnête personne *Yde* de Wingles», abbesse de Denain, intervient, en 1439, dans un acte, au nom de demoiselles Marie et Isabelle d'Ongnies , sœurs, religieuses dans ladite église (Guilmot, Inventaire des archives de Douai , page 1148) ; en 1447 , *Loys* de Wingles avait recueilli la succession de sa sœur l'abbesse (compte du domaine de Douai) ; celle-ci manque sur les listes de la *Gallia christiana* et du *Cameracum christianum*.

Dans une sentence rendue par mayeur et échevins de Dechy-lez-Douai , le 7 octobre 1442, il est question de *Jehan* de Wingles , écuyer , de sa sœur *Nicaize* de Wingles, mariée à Pierot *du Chastel*, et de leur sœur défunte *Ysabel* de Wingles, naguère femme de Régnier *Grandel,* demeurant à Férin (chirographe du *ferme*). « *Jehan* de Wingles, escuier », figure, le 15 octobre 1447 , comme homme de fief du château d'Oisy (titre de Saint-Aubert).

Pierre de Wingles, vassal de l'évêque de Cambrai en 1446, brisait d'une bordure chargée de fleurs de lys, l'écu timbré et supporté par deux sauvages (Demay, sceau n° 2134) ; c'est sans doute le même que nous retrouvons , le 3 août 1451 , qualifié écuyer et bailli de l'abbé d'Anchin à Mœuvres (titre d'Anchin).

Le 29 avril 1483, « noble et honnouré » *Jehan* de Wingles, écuyer, achète de « honorable demoiselle » Marie Rosel, veuve de Tristran Blondel, écuyer, et de Jean de Nordes, écuyer, seigneur de Blécourt, mère et co-tuteur du mineur Antoine Blondel, demeurants à Cambrai, une terre à Mœuvres, tenue en fief lige et en haute justice du chapitre de Saint-Géry de Cambrai; les vendeurs voulant acquitter « plusieurs grieves debtes » contractées « à l'occasion des prinses et detentions faites au corps d'icelui Tristran, durant les guerres et divisions passées », ainsi que de « la ranchon et finance qui lui a convenu payer » (1).

En 1484, vivaient à Cambrai deux gentilshommes appelés *Jehan* de Wingles : l'un qualifié bourgeois de cette ville et portant les armes pleines, l'écu timbré d'un heaume couronné et cimé d'une tête de bœuf, supporté par deux hommes sauvages (Demay, n° 4530); l'autre, vassal d'Oisy et brisant d'une bordure engrêlée, l'écu timbré et supporté (id., n° 3662). Nous trouvons aussi, à la date du 8 mai 1495, un gentilhomme de ce nom bailli du chapitre de Cambrai (titre de la terre de Briastre, aux archives du parlement de Flandres).

L'acquéreur de la terre de Mœuvres était le mari d'une douaisienne, Jacqueline *Le Carlier*, fille de Jean *dit* Ramage, chef-échevin (maire) de notre ville en 1466, et de Marguerite *Audefroy* dit *de Douay*.

Jehan de Wingles, « le josne », écuyer, son père, dit « l'aisné », vivant encore, servit, le 4 juillet 1513, un dénombrement du fief de Mœuvres, qu'il scella d'un sceau semblable à celui décrit par M. Demay, sous l'année 1531 (n° 1821).

Le 18 mai 1566, à Cambrai, « en consistoire de saint Gery », *Pierre* de Wingles, écuyer, demeurant à Hordain, mari d'Adrienne *de Namur*, donna son fief de Mœuvres, « en avancement d'hoirie », à son fils aîné *Philippe* de Wingles; ce qui fut ratifié par sa

(1) Arch. du parlem. de Fl., liasse de dénombrem. etc., pièces concernant la terre de Mœuvres.

femme, le 27 novembre 1567. Le donataire ne jouit pas longtemps de la libéralité paternelle , attendu qu'il fut du nombre des gentilshommes rebelles que le duc d'Albe fit décapiter à Bruxelles , sur la place du Sablon , le 1er juin 1568 ; il mourut catholique. Le fief fit retour au donateur , qui n'existait plus en 1600, ayant pour héritier son autre fils *Charles* , encore vivant en 1619.

Le chevalier cambrésien *Antoine* de Wingles (fils du précédent) , seigneur des Haussartz , plaidait en 1631 contre le bailli de Saint-Géry , devant la haute cour du palais archiépiscopal; il manifestait l'intention de ressusciter à son profit l'antique et illustre nom de Wavrin; car il signait : « Anthoine de Wingles *dit* Wavrain ». Sa sœur *Marguerite-Robertine* de Wingles, femme du chevalier Robert *de Belleforière*, seigneur de Thun-Saint-Martin, étant morte sans enfant le 6 janvier 1633 , il releva le fief de Rostimon à Anvin , tenu de l'abbé de Saint-Amand (titre de Saint-Amand).

Enfin, le 7 mai 1682, au nom de sa femme *Marie-Marguerite* de Wingles , « Roger *de Ciregaud* , chevalier d'Erce , fils de messire Jean-Pierre-Gaston de Ciregaud , viscomte d'Erce , Saulleux , Castelnaux , de Picompou , Polastron , Bourgeacque , etc. », avoua tenir de MM. de Saint-Géry , à cause de leur terre , ville et seigneurie de Mœuvres , un fief « liege et noble tenement » , au relief de cheval et armes, avec 60 sols cambrésiens pour le « cambrelaige » , consistant en un manoir près de l'église de Mœuvres, en hommages, en rentes, etc. Signé : « Derce ». En 1716, ce fief, qui ne donnait à son possesseur que la qualité de « seigneur *en* Mœuvres », appartenait au conseiller Jacques de Francqueville, qui l'avait hérité de son oncle Jean-Baptiste.

Famille de Villers-au-Tertre.

Les généalogistes lui reconnaissent une communauté d'origine avec l'antique maison de Wavrin, d'autant plus que son blason paraît être une brisure de celui des sénéchaux de Flandre ; en effet les Villers-au-Tertre portent : D'azur à l'écusson d'argent accompagné d'onze billettes du même, posées en orle. Néanmoins les anciens généalogistes n'ont point trouvé le point de jonction sur le tronc de Wavrin.

Selon Goethals (pages 35 et 57), ce serait une branche relativement récente, attendu qu'elle ne se serait détachée que vers la fin du XIIIᵉ siècle, le sénéchal *Hellin* III ayant eu, selon cet auteur, de Marie *de Malannoy*, sa femme, deux fils, Aléaume et Hellin (1), qui auraient pris le nom de Villers-au-Tertre. Quant à cette terre, elle serait entrée dans la maison de Wavrin vers 1135 (pages 7 et 8) par le moyen du

---

(1) Et encore un fils, Bauduin, qui se serait appelé des Wastines dès l'an 1255 (pp. 36 et 97) !

La généalogie tirée des Chroniques dites de Bauduin d'Avesnes et quantité de titres démentent ces fantaisies généalogiques.

mariage d'une prétendue Emma, dame de Villers-au-Tertre, (1) avec le sénéchal *Roger* III.

L'étude des chartes du commencement du XIII⁰ siècle fournit des renseignements tout autres sur l'origine de la famille de Villers-au-Tertre.

Dans le fonds de l'abbaye d'Anchin, il y a une charte du mois d'avril 1242, commençant ainsi : « Jou Mahiex d'Aubi, chlʳˢ, sire de Vilers el Tertre » ; ce gentilhomme déclare être devenu homme lige de l'abbé pour deux « muiées » de terre, sises au terroir de « Vilers el Tertre », lequel fief demeurera annexé à la seigneurie de Villers-au-Tertre; le sceau est malheureusement perdu. Or il existait, dès l'an 1210, une famille d'Aubi, qui tirait son nom de la seigneurie d'Auby (2), village voisin de Douai, et qui portait

(1) Vers l'an 1100 vivait Emma *dite* Comtesse de Valenciennes présumée femme de Roger II de Wavrin. En 1135, vivait une autre Emma, héritière de Lillers, châtellenie, comprenant aussi Saint-Venant, qui échut bientôt après au suzerain, le comte de Flandre. Confondant ces deux Emma et transformant Lillers en Villers-au-Tertre, Goethals a donné le jour à une Emma, dame de Villers-au-Tertre !

(2) Sise en la châtellenie de Lens, mouvant originairement de Bois-Bernard et immédiatement du château de Lens à partir de l'an 1248,elle eut pour seigneurs d'abord des Saint-Aubin de Douai, qui prirent le nom d'Auby : Guy, en 1161, et Wautier, son fils, en 1162 et 1184; puis des gentilshommes portant l'écusson en abîme brisé d'une bande et qui prirent aussi le nom d'Aubi: Barthélemy, en 1210 et 1227, et Aléaume, son fils, en 1231 et 1250; enfin une famille portant une croix au lambel de cinq pendants (Demay no 453), qui prit encore le nom d'Aubi et le surnom de Tourbet : le chevalier Gérard, en 1264, et ses successeurs, jusqu'à la fin du XIV⁰ siècle.

l'écusson en abîme brisé d'une bande brochant sur le
tout. Le chevalier Barthélemy d'Aubi (*Bartholemeus
miles de Aubi*) était, en 1210, sur le point de partir
pour la croisade (*super peregrinationem Iherosoli-
mitanam cujus signum bajulabat*), quand il s'ar-
rangea avec le chapitre de Saint-Amé, au sujet du
moulin de Planques (fonds de Saint-Amé). Vers cette
époque-là il figure sur le rôle de la noblesse du
royaume, parmi les chevaliers bannerets de la Flandre. Il mourut vers 1230. Son fils, le chevalier
Aleaume d'Auby, paraît en 1244, au nombre des
seigneurs du comté de Flandre (cf. Douët d'Arcq,
sceau n° 1226); il épousa: 1° Marie, 2° *Lœudiardis*
(Ms. 828 de la bibliothèque de Douai); en 1242, il
avait trois fils: le chevalier Hellin d'Aubi, Alars et
Bertouls (titre de l'abbaye des Prés); il vivait encore
vers 1250. Chose digne ici de remarque, c'est que
ces d'Aubi possédaient alors près de Douai, dans le
voisinage de Dorignies, un ou plusieurs fiefs con-
tigus à une enclave de la baronnie de Wavrin.

Aussi, jusqu'à découverte ultérieure, tiendrons-
nous le chevalier Mahiex d'Aubi, seigneur de Villers-
au-Tertre, comme le chef de la famille de Villers-au-
Tertre, laquelle ne serait donc, par rapport au tronc
de Wavrin, qu'un rameau s'y rattachant au moyen
de la branche d'Aubi.

Dans la seconde moitié du XIII⁰ siècle, vivaient
deux frères: le chevalier Aléaume (1), seigneur de

(1) Cf. Aléaume d'Aubi, en 1231 et 1250.
1260, avril; « Aliaumes de Vilers », vassal de l'abbé d'Anchin.

Villers-au-Tertre, conseiller du comte de Hainaut, en 1273 et 1294, portant l'écu en abîme accompagné d'onze billettes posées en orle, 4, 2, 2, 2, 1 (cf. Demay, no 1715), et le chevalier Hellin de Villers-au-Tertre, sire de Campiaus (1), conseiller du comte de Hainaut, en 1284 et 1292, portant l'écu en abîme accompagné de neuf billettes posées 4, 2, 2, 1, au bâton en bande sur le tout (cf. Demay, n° 1716). Ce n'est qu'avec ces deux frères, que les essais généalogiques sur la famille de Villers-au-Tertre commencent à avoir quelque valeur : Aleaume, l'aîné, n'ayant pas de fils, sa fille porta la seigneurie de Villers-au-Tertre dans la famille de Mauchicourt (par corruption: Monchecourt), au chevronné de six pièces. Cette seigneurie, voisine de Douai, avait un château fort, cité dans les chroniques sous l'année 1184; elle mouvait originairement de Marcq-en-Ostrevant, puis immédiatement de la cour de Mons à partir de l'an 1334; en 1505, elle fût unie à la seigneurie de Bugnicourt. Hellin, le cadet, qui eut en partage le fief du Sauchoy à Villers-au-Tertre (Goethals , pages

sans doute à cause du fief dont il est question dans la charte de 1242. Il n'était pas encore chevalier.

(1) Carpentier, *Hist. de Cambray*, Leyde, 1664, in-4, II, pp. 353-354, cite un Hellin, sire de Campeau, à cette époque-là ; seulement il le fait descendre de la famille d'Escaillon, à la croix engrêlée.—La terre de Campeau, à Villers-Campeau (si c'est d'elle qu'il s'agit ici), avec tour et maison entourées de fossés, cent rasières (plus de 45 hectares) environ de terres labourables, quinze bonniers de bois, rentes, etc., mouvait en haute justice de la cour de Mons.

58-59), continua la postérité, laquelle abandonna, suivant l'usage de ce temps-là, son nom de Villers-au-Tertre pour prendre celui de son fief du Sauchoy.

En 1351, « Pestiel (1) dou Sauchoy » ou « Pestiel de Villers » était en procès avec l'abbaye de Marchiennes (comptes du châtelain de Bouchain, 1350-1351, f° 1, et 1351-1352, f° 2, aux archives du Nord); dans un chirographe des mayeur et échevins « de la ville de Villers ou Tertre, » du mois de mai 1369, il est parlé du « gardin Pestiel dou Sauchoy, escuyer » (fonds de Saint-Amé).

Dans le compte du grand bailliage de Hainaut, du 24ᵉ jour du mois de *fenal* (juillet) 1374 à pareil jour de 1375, au f° 1 v°, on lit cet article de recettes: « De Colart dou Sauchoit, le lundi après Pasques flories (*16 avril 1375 vieux style*), liquels avoit laissiet j fief à relever, le terme de j an, qui eskeus li estoit de monsᵣ Mahiu, sen frere. Et valurent li pourfit, celi anée, cx rasieres de bled, vendues à crit et à remont par Pieron Craspournient, sergant de le court de Mons. Rabatut les frais que, par iij fois, y avoit fais : lxv frans. » C'est donc avec raison que Goethals (pages 60 et 61) a avancé que Mathieu, seigneur du Sauchoy, laissa pour héritier Colard, son frère. Selon le même généalogiste, ces deux frères seraient les pe-

---

(1) Ce surnom appartint aussi en 1294 et 1305 à Guillaume de La Motte, portant le chevronné des Mauchicourt, brisé d'un lambel (Demay, n° 1374).

tits-fils du chevalier Hellin de Villers-au-Tertre, sire de Campeau en 1292 : ce qu'il n'a point prouvé.

Vers 1387, « me dame dou Sauchoit » poursuivait « le signeur de Bliki pour cxij frans franchois » (compte du grand bailliage, 1387, 22 septembre— 1388, f° 4).

Nous croyons utile , afin de redresser quantité d'erreurs, de donner le crayon 'généalogique suivant, commençant au chevalier Nicolas , sire du Sauchoy , l'un des descendants d'Hellin de Villers-au-Tertre de 1292.

I. Nicolas , chevalier , sire du Sauchoy , épousa Jeanne *d'Auberchicourt* (de la maison des châtelains de Douai) et mourut le 6 novembre 1400 , gisant en l'église Saint-Jacques (ancienne) de Douai. En 1410 , « dame Jehane » d'Auberchicourt était remariée à Watier des Prés, gentilhomme lillois (Guilmot, Premiers Extraits, page 164).

Le 20 avril 1396 « après Pasques » , devant échevins de cette ville , « nobles homs messire Collars , sires du Sauchoy, chl**rs** » , fit un testament (1) dans lequel il lègue dix francs « à dame Jehane *de Campiaulœ* (2), nonnain en labbaye de Sin » ; « eslisans se sepulture et chimentiere en la cappelle de saint

(1) Arch. municip., testam. en chirographe. Cf. Guilmot. Extraits, III, p. 114.

(2) En 1292 , Hellin de Villers-au-Tertre se qualifie de sire de Campiaus.

Nicolay (1) de le glise parrochial de saint Jaque »;
nommant ses fils, Jean et Thomas , Jeanne, sa fille,
tous issus de Jeanne *d'Auberchicourt* , et réservant
une part « à lenfant dont ladite dame sa feme estoit
enchainte ». Il habitait une grande maison « sur
lattre saint Jaque », tenant au jardin de la cure, et
qui conserva très-longtemps le nom d'hôtel du Sauchoy (2).

Il fit un autre testament, le 17 août 1400, choisis-
sant pour exécuteurs : Thomas d'Auberchicourt,
écuyer , Pierre de Wendin (3), Mahieu Megnot et
Jacques Gasquière. Ses quatre enfants mineurs furent placés sous la tutelle d'Ernoul d'Auberchicourt et
de Jean de Tortequesne *dit* Li Quens (4), écuyers (5).
C'étaient :

1° Jean, seigneur du Sauchoy.

2° Thomas, qui suit.

(1) Le 10 décembre 1560, « da¹ᵉ Adrienne de Villers, veuve de
Pierre du Fresnoy, escuier, sʳ de Fermont , de Thuncq, etc. », veut
être enterrée en la même chapelle , auprès de son mari, ainsi que
« de Nicolle de Villers, chlʳ, l'un de ses ancêtres, et Jehanne d'Au-
brecicort, sa femme ». Archives municip., reg. aux testam., 1554-
1562, fᵒ 307,—Cf. Goethals, pp. 60-61.

(2) Au XVIIᵉ siècle, l'Hôtel des Nobles ; maison nᵒ 14 de la place
St-Jacques, rang est, et terrains adjacents.

(3) Goethals, p. 62 : « Thomas d'Aubrechicourt, écuyer, seigneur
(*sic*) de Wendin ».

(4) C'est-à-dire : le comte.—Goethals, p. 62: « Ligneus ».

(5) Arch. municip., chirogr. du 24 mars 1400 (v. st.).— Cf. Guil·
mot, Extraits, III, p. 1255.

3º Jeanne de Villers *dit* du Sauchoy, vivante en 1411 (Guilmot, page 1282).

4° Marie du Sauchoy, née en 1396.

II. Thomas de Villers *dit* du Sauchoy, écuyer, né à Douai, admis à la bourgeoisie de cette ville, avec la qualification de « clerc », c'est-à-dire pouvant exciper des priviléges de « clergie », le 16 janvier 1432 (v. st.), deuxième échevin en 1435, troisième en 1438, deuxième en 1445, troisième en 1449, deuxième en 1459 et 1463. Il avait épousé, en 1423, Jeanne Le Dent et vivait encore en 1468.

Il eut notamment :

1° Nicolas, qui suit.

2º Guye de Villers *dit* du Sauchoy, née vers 1425, veuve, en 1468 et 1473, d'Oudart, bâtard de Montigny (Guilmot, pages 1376 et 1384).

3º Nicolle de Villers *dit* du Sauchoy, vivante en 1476 (titre du 17 août, fonds des Chartriers aux archives des hospices).

4° Jeanne de Villers *dit* du Sauchoy, mariée en 1448 à Etienne *du Martroit*, bourgeois de Valenciennes. En 1483, le 24 septembre, leur fils et héritier, Jacques du Martroit, écuyer, vendit son tiers de l'hôtel du Sauchoy, « haboutant par derriere en la rue Carpentier et d'un autre costé à la rue des Boulloires » (cf. Guilmot, III, p. 1395).

III. Nicolas de Villers *dit* du Sauchoy, écuyer, né vers 1426, épousa, à Douai en 1459, Jeanne *de Cor-behem* (de la maison des châtelains de Douai), fille de Jean *dit* le Borgne, écuyer, et de Jeanne *de Paris.* Il mourut vers 1480, et sa veuve, en juin 1502, après avoir testé, le 14 mai, devant le curé de Saint-Pierre, élisant « sa sepulture en leglise saint Pierre, empres Notre Dame Flamenghe, là où sen pere et mere sont inhumés » (registre aux testaments, 1500-1509, f° 47).

En 1476, Jehàn Le Clercq était « curateur commis par justice au gouvernement » dudit Nicolas « et de ses biens » (titre des Chartriers).

Ils laissèrent deux enfants :

1° Jean, qui suit.

2° Marie de Villers *dit* du Sauchoy, en 1480, femme de Pierre *d'Auby*, écuyer, bourgeois de Douai, qui, en 1483, achetait un tiers de l'hôtel du Sauchoy, à l'encontre des autres tiers appartenant à son beau-frère et à sa femme, celle-ci à cause de la donation du 15 septembre 1473, que lui avait faite sa tante, veuve du bâtard de Montigny (Guilmot, pages 1391, 1395 et 1384).

IV. Jean de Villers *dit* du Sauchoy, écuyer, né à Douai, chef-échevin (maire) en 1508, 1512, 1515, 1518 et 1521, mort vers 1531, épousa, à Douai, en 1484, Hélène *Le Carlier*, fille de Jean *dit* Ramage, chef-échevin en 1466, et de Marguerite *Audefroy dit de Douai.*

Le 30 janvier 1502 (v. st.), il servit à l'abbé de Marchiennes le dénombrement d'un fief lige, tenu à soixante « sols blancs » de relief et contenant dix rasières de terre sises à Auberchicourt, « au petit quemin » d'Aniche, contre les « murectz du chastiau et maison dicelle ville d'Obrechicort à moy appartenant; » laquelle terre « ne doit ne disme ne terraige, et vault, pour le present, seize rasieres de bled par an ; » signé : « de Villers. » Son domaine d'Auberchicourt lui était-il venu à cause de sa bisaïeule Jeanne d'Auberchicourt ?

De Jean de Villers et d'Hélène Le Carlier vinrent six enfants :

1o Jean, qui suit.

2o Adrien de Villers, prêtre, chanoine de Saint-Amé de Douai, mort vers 1542.

3o Marguerite de Villers, née vers 1485 (Guilmot, page 1400), morte avant 1531, mariée à Porrus *de Manchicourt*, écuyer, chef-échevin en 1517, 1520, 1524 et 1543, veuve de Colle Pinchon (fille d'Amé, « eschoppier, » échevin de Douai, qu'il avait épousée vers 1501).

4o Isabelle de Villers, née vers 1493 (Guilmot, page 1401), non mariée en 1531.

5o Adrienne de Villers, mariée, vers 1533, à Pierre *du Fresnoy*, écuyer, seigneur de Thun et du Fermont, deuxième échevin de Douai au renouvellement du 7 mars 1535

(v. st.), né à Arras, vers 1483, fils de Jacques. Il mourut vers le mois de septembre 1538. Sa veuve testa le 10 décembre 1560 et décéda vers le commencement de février suivant, laissant à sa fille Catherine l'hôtel du Sauchoy, ainsi que le fief d'Auberchicourt tenu de l'abbé de Marchiennes. (1)

6º Marie de Villers, en 1531 femme de Jean *de Hertaing*, gentilhomme cambrésien.

V. Jean de Villers *dit* du Sauchoy, écuyer, mort avant son père, marié à Cambrai, en 1511, avec Ihérosmette *de Hertaing*, fille de Philippe, écuyer, et d'Ide *de Baralle*; elle se remaria à Michel Dey, écuyer, licencié ès lois (archives de la famille d'Esclaibes, partage du 22 août 1532, à Cambrai).

D'où deux enfants :

1º Adrien, qui suit.

2º Marie de Villers, « eaigyée, non lyée de mariaige et deschargiée de toutte tuttelle et mainburnye », quand, en 1532, elle partagea les biens maternels avec son frère, qui était dans le même cas. En 1535, elle épousa Georges *d'Esclaibes*, écuyer, seigneur de Clairmont.

VI. Adrien de Villers, écuyer, sieur de Faignolet,

---

(1) Arch. municip., 1er reg. aux bourgeois, fo 181 vo et reg. 1469-1594, fo 123 vo; fo 129 vo d'un reg. aux testam. dont il ne reste qu'un cahier détaché, folioté 115 à 142; reg. aux testam., 1554-1569, fo 307.

chef-échevin de Douai, au renouvellement du 18 mars 1578, ayant été porté au pouvoir par le triomphe éphémère du parti des Patriots ; il se retira, bientôt après, à Cambrai, où la réconciliation avec le roi d'Espagne n'avait point été acceptée, et il y mourut vers 1586. Il avait épousé, à Ypres, en 1545, *Suzanne van den Houte* (en wallon : *du Bois*).

D'où trois fils :

1° Jean de Villers, écuyer, sieur de Fagnolet, qui, lors du siége de Cambrai par les Espagnols, en 1595, seconda son frère pour rendre la ville à l'ennemi. Il mourut bientôt après, le 18 janvier 1596, en célibat, gisant en l'église Saint-Martin, à côté de son père et de son aïeul (Goethals, page 72).

2° Antoine de Villers, chevalier, seigneur de Lyhove, prévôt (maire) de Cambrai pour le roi d'Espagne (1595-1622), né vers 1547, mort le 9 décembre 1617, ayant épousé, en 1587 Madelaine-Marguerite d'Anneux, dame de Ligny en Cambrésis (Goethals, page 74).

« Gentilhomme cambrésien, homme de guerre et le premier de la ville », après avoir longtemps fait « tous bons offices et devoirs vers » le maréchal de Balagny, prince de Cambrai sous la suzeraineté du roi Henri IV, tellement que le maréchal « faisait en partie ce qu'il lui conseillait », il s'avisa, au bout d'un mois de siége, de découvrirqu'il « n'avoit

jamais été bon françois » et complôta, dès le
7 septembre 1595, avec ses deux frères, Georges de Bernemicourt, écuyer, alors prévôt de
Cambrai par la faveur de Balagny, un gentilhomme nommé d'Anneux, parent de sa femme, et son bailli de Ligny, Philippe de Quel-
lerie, capitaine d'une compagnie bourgeoise,
lequel fut tué « par le dernier coup de canon »
de l'assiégeant, le 2 octobre, au moment où il
venait d'introduire l'ennemi dans la place. Il
s'agissait de persuader aux bourgeois qu'il leur
serait avantageux de tourner leurs armes
contre les défenseurs de la ville. Lyhove, malgré les soupçons de Balagny et surtout de sa
femme (1), continua à agir dans l'ombre,
jusqu'au 2 octobre, au matin ; alors, après
avoir encore une fois été saluer Balagny, il
jeta le masque, « se déclara chef et capitaine
des Cambrésiens » et livra la ville à l'Espagnol ; de manière que les habitants commen-
cèrent à porter l'écharpe rouge et à crier :
Vive le roi d'Espagne ! Parmi les personnages
envoyés du camp dans Cambrai pour conclure
le traité, était : « le sieur de Glacon, cousin
dudit sieur de Lyhove » (2).

(1) C'est à la dame de Balagny que, le mercredi 27 septembre,
payant d'audace, il alla parler, à la citadelle même : « car parler
à son mari, c'estoit comme rien ».

(2) Madame Clément née Hémery, *Retour de la domination es-
pagnole à Cambrai ; siége de 1595* ; Cambrai, 1840, broch. in-8°;
d'après le mémorial journalier d'un moine de l'abbaye de St-
Sépulchre.

Antoine de Villers continua la postérité, qui est encore existante. en Belgique, avec le titre officiellement reconnu de comte de Wavrin-Villers-au-Tertre, transmissible par ordre de primogéniture (Goethals, pages 83-84). Ce sont ses enfants qui, suivant la mode d'alors, amenée par le goût des recherches généalogiques, reprirent le nom de Villers-au-Tertre, abandonné pendant trois siècles. Quant à celui de Wavrin, pour lequel les prétentions eussent été difficilement justifiées, il ne fut exhumé que peu de temps avant la Révolution.

3₀ Ponthus de Villers, écuyer, qui seconda ses frères pour livrer Cambrai à l'Espagnol.

Sa postérité se continua en France, de mâle en mâle, jusqu'en 1820 (Goethals, pages 91 et 92).

Nous arrêterons ici le crayon généalogique rectificatif, en renvoyant à l'ouvrage de Goethals (pages 74 à 93), qui renferme de précieuses données sur la suite de la descendance des Villers-au-Tertre. Toutefois nous ajouterons encore quelques renseignements inédits.

Un procès relatif à la chapelle castrale fondée en la terre et seigneurie de Ligny, sous le vocable de saint Nicolas, (1) relate les titres des deux fils du prévôt de

(1) Archives du parlem. de Fl., greffe de Malines, sac no 1364.

Cambrai pour le roi d'Espagne , Alphonse et Jean : le 3 janvier 1636, « noble sʳ messire Jean de Villers au Tertre, pbre (*prêtre*), licencié ès droicts, chanoine de l'église métropolitaine de Cambray , seigneur de Ligny en Cambresis , Faignollet , etc. , demeurant audit Cambray », passe un bail des 120 mencaudées de terre à Ligny, appartenant à la chapelle castrale ; le 15 juin 1647, « noble seigneur messire Alphonse de Villers au Tertre, chevalier , seigneur de Lyhove , de Ligny en Cambresis, du Faignolet, de Leaucourt, etc. » (héritier de son frère) , confère ladite chapelle.

En juillet 1668, ce dernier, âgé de 70 ans, demeu-rant à Ligny , « nullement engagé dans aucun ser-vice de S. M. Catholique » , réclamait , auprès du gouvernement français , contre la confiscation de ses biens d'Artois ; il fut fait droit à sa réclamation. Sur plusieurs lettres missives , de l'an 1682 , il signait : « Lyhove ». Une procuration du 24 juillet 1680 , de « noble seigneur messire Alphonse de Villers au Tertre, chevalier , seigneur de Lyhove, Ligny, Fa-gnolet, de La Clyte , etc. , demeurant à Cambray » , est signée : « A. de Villers au Tertre Lyhove ». Sur une lettre datée de Cambrai , le 9 février 1690 , son petit-fils et héritier (Robert-Noel-Alphonse de Villers-au-Tertre) signait : « de Ligny (1). »

Le 5 janvier 1691, « messire Robert-Noël-Al-phonse de Villers au Tertre, escuier, sʳ de Ligny, etc., résident audit lieu, pays de Cambresis, » tant en son

_____

(1) Arch. du parlem., fonds de la gouvern. de Douai, mélanges.

nom que comme « procureur de noble demoiselle
Marie-Barbe-Gabrielle de Villers au Tertre, jeune
fille à marier, sa sœur, » (1) et « messire Fredericq-
Alphonse de Villers au Tertre, son frère, étudiant à
Douay, assisté de son tuteur, » vendent, moyennant
11000 florins, des fiefs tenus du seigneur de Bellonne.
Ceux-ci furent bientôt retraits par le cousin des vendeurs, Robert d'Aoust de Jumelles, écuyer, seigneur
de Sin-le-Noble, fils de Michel, chevalier, prévôt de
Cambrai (1617-1662, ayant succédé à son beau-père),
et de Marie de Villers-au-Tertre. (2) Ces fiefs prove-
naient de l'alliance d'un Villers du Sauchoy avec
une Corbehem (voir ci-dessus, III).

Enfin il faut noter que Marie-Françoise-Louise-Jo-
seph (3) de Villers-au-Tertre, unie, à Cambrai le 27
avril 1783, au comte Mallet de Coupigny, décédé à
Lille le 27 janvier 1804, se remaria, à Cambrai le 22
octobre 1794, à Louis-Robert-Joseph Fenin, décédé
à Esquerchin-lez-Douai le 21 octobre 1828, auquel
elle avait laissé trois fils ; elle mourut à Cambrai le 11
février 1843. (4).

Remontant maintenant vers le passé pour recueil-
lir ceux que nous avons dû laisser en route, faute de
pouvoir leur assigner une place dans l'ordre généalo-

---

(1) Non citée par Goethals, p. 78.

(2) Arch. du parlem., gouvern. de Douai, sentence du 12 juin
1769, dans les liasses de minutes de sentences « extendues ».

(3) Marie-Françoise, selon Goethals, p. 85.

(4) Communication de M. Amédée de Ternas, de Douai.

gique, nous signalerons un Mathieu de Villers qui, en 1435 (titre de Saint-Amé), avait des terres à Féchain, « qui furent le demiselle de Louvegnies » (1); c'est peut-être le même qui , en 1462, homme de fief de Hainaut, portait l'écusson en abîme accompagné de neuf billettes en orle, au lambel, l'écu timbré d'un heaume cimé d'une tête de bœuf (Demay, sceau n° 3608), et qui peut-être résidait en Cambrésis.

Nous n'oublierons point non plus « Hoste de Villers *dit* du Sauchoy », admis à la bourgeoisie de Douai, le 11 juillet 1449, « clerc, natif de Villers ou Tertre, mary et bail de Gillotte Carbonnelle, natifue de Cuinchi. Et auoient trois enffans, cest assavoir : Pierotin, de le age de vij ans, Henriet, de le age de v ans, et Massin, de le age de iij ans » (1er registre aux bourgeois, fo 83 ro). Goethals (page 65) en a fait, de sa propre autorité, un fils de Thomas du Sauchoy et de Jeanne Le Dent (voir ci-dessus, II). Or ces époux n'avaient, au 16 janvier 1432 (v. st.), quand le mari jura la bourgeoisie de Douai, qu'un fils et une fille : Colin (voir III), âgé de six ans, et Guiette (voir II 2o), agée de sept ans; de manière qu'Hoste de Villers *dit* du Sauchoy aurait eu un enfant à neuf ans ! Voilà à quelles absurdités on arrive en s'obstinant à tout ranger dans le cadre généalogique, au lieu de consacrer,

(1) En 1366, « Nicaise de Louvignies, canonne », avait un fief de 26 « witelées de tiere gisans à Villers ». Arch. départ., compte du grand bailliage de Hainaut, 1er janvier 1365 (v. st.) au 1er décembre 1366, fo 1 vo.

comme l'ont fait les bons généalogistes, un chapitre aux filiations inconnues.

Famille des Wastines.

Ayant déjà eu l'occasion de constater que cette famille est absolument étrangère à la race de Wavrin (1), nous n'insisterons pas sur ce point. L'erreur du reste était déjà commise en 1624 par André Du Chesne, dans son *Histoire généalogique de la maison de Montmorency*, où il dit (page 284) « qu'on tient » les Wastines « estre de la mesme famille que celle de Vavrin, portant les mesmes armes et estant en mesme chastellenie ». Quant aux armes, elles sont bien différentes, puisque les Wavrin avaient l'*écusson en abîme* et les Wastines *une bordure*. Goethals (pages 36 et 97) a aggravé l'erreur en inventant que le chevalier flamand Bauduin de La Wastine, vivant en 1255 (Demay, sceau nᵒ 1787), serait l'auteur de nos Wastines, fils du sénéchal *Hellin* III (1273-1284) et frère puîné des chevaliers Aléaume et Hellin de Villers-au-Tertre, vivants en 1292; tandis que, dès l'an 1212, on trouve Alard, sire des Wastines et d'Estrées (fonds de Sainte-Croix de Cambrai).

Toujours selon Goethals (pages 97 et 98), cette seigneurie des Wastines n'aurait été que le moulin seigneurial de la terre de La Wœstine, près de Bruges;

(1) *Souvenirs de la Flandre wallonne*, XV, pp. 161-162.

tandis qu'elle était située à Capelle en Pèvele, avec château, hommages, etc., comprenant en outre, à l'origine, la terre de Roupy à Nomain, qui en fut séparée vers l'an 1400, pour former une seigneurie distincte, relevant, comme l'autre, du château de Douai.

Mélanges héraldiques.

Nous avons cru utile de terminer ce travail par un court catalogue des anciennes familles du pays qui ont porté l'écusson en abîme à la mode des Wavrin, et dont quelques-unes, bien certainement, sont de cette illustre race ; aux armoriaux nous n'avons fait que de rares emprunts : nos sources ont été les monuments sigillographiques.

BEAUMEZ (de). En 1205, Gilles, châtelain de Bapaume, sire de Beaumez (de Bello Manso), usait d'un sceau équestre (sans contre-sceau), le bouclier portant l'écusson en abîme (titre de Saint-Aubert; cf. Demay, n° 5483); mais déjà en 1227, Gilles de Belmès, châtelain de Bapaume (cf. n° 5484), avait abandonné l'écusson en abîme : en effet, sur son sceau équestre, le bouclier est chargé d'un orle (1), et le contre-sceau, non héraldique, représente une aigle essorante; sa charte débute ainsi : Ego Egidius, castellanus Bapalmensis, dominus Bellimansi ; elle concerne

(1) Le sénéchal Robert Ier, en 1193, avait un contre-sceau à l'orle et un sceau à l'aigle, l'un et l'autre héraldiques.

l'hommage, au service d'un demi-écu (*dimidium scutum*), probablement un hommage demi-lige, qu'il avait prêté à son cousin (*karissimus dominus et consanguineus meus*) Barthélemy (1), abbé de Saint-Aubert, à cause du fief de Ramincourt que tenait de lui son cousin et vassal (*dilectus consanguineus et homo meus*) Robert de Wélu. Dès l'an 1220, le châtelain Gilles était l'époux d'Agnès de Coucy, sœur d'Enguerran, sire de Coucy (titre de Vaucelles).

En 1237 (*sabbato post divisionem apostolorum*), le samedi 18 juillet, il apparaît avec deux de ses fils, Gilles, l'aîné, qui a un sceau armorial à l'orle, avec un contre-sceau armorial de Coucy brisé d'une bande brochant, et le chevalier Raoul (Demay, n° 5486), qui a un sceau armorial à la croix engrêlée, au franc canton d'hermines (fonds de l'abbaye des Prés de Douai). On sait que, d'après les vieux armoriaux, les châtelains de Bapaume, sires de Beaumez, ont porté : De gueules à la croix engrêlée d'or.

Le 6 juillet 1239, jour de son départ pour la croisade (*in die oct. apostolorum Petri et Pauli, qua iter arripuit ad subsidium Imperii Romanie*), Gilles, sire de Buionviler, fils aîné du châtelain de Bapaume, fit une donation à l'abbaye de Vaucelles, du consentement de Joie, sa femme, de ses frères Thomas de Beaumez, prévôt de Reims et archidiacre de Cam-

---

(1) Il s'appelait de Grincourt, selon la *Gallia christiana* et le *Cameracum christianum*.

brai (1), Enguerran et Raoul, chevaliers, et de ses
sœurs, Marie, dame de Sart, Alix (*Aelidis*) èt Agnès,
prieure de Prémi (*priorissa de Pimiato*).

En octobre 1252, le chevalier Robert de Beaumez,
dont le sceau et le contre-sceau armoriaux sont à la
croix engrêlée, fit un legs à l'abbaye de Vaucelles
sur son domaine de Buionviler.

Raoul de Beaumez, « trésoriers de Rains » en
1267 et 1285, portait aussi la croix engrêlée (cf.
Demay, n° 6316); dans sa charte de décembre 1267,
il parle de feu son père, de sa mère, de son frère
Robert de Beaumez, écuyer, sire de Thenailles, et de
son oncle l'archevêque Thomas (2) ; dans celle de
l'an 1285 (v. st.), « le mardi apries le diemence del
septuagesime, » il confirme le legs fait (en 1252) par
« mes chiers peres Robiers, jadis de Biaumes, chevaliers, » sur les revenus de Bionviler (fonds de Vaucelles).

Le châtelain Robert, sire de Beaumez, portait en
1272 la croix engrêlée, surmontée d'un écusson de
Coucy (Demay, sceau armorial, n° 5487). En 1303,
le châtelain Robert de Beaumez portait la croix engrêlée (Douët d'Arcq, sceau équestre et contre-sceau
armorial, n° 5276).

En résumé, les de Beaumez, avant de prendre la

(1) Carpentier, *Hist. de Cambray*, l'a omis dans ses listes des
archidiacres, I, pp. 439-452.

(2) Thomas de Beaumez, archevêque de Reims, 1251-1263. —
C'est évidemment le prévôt de Reims de l'an 1239 (voir ci-dessus).

croix engrêlée, ont eu l'orle et plus anciennement
encore l'écusson en abîme.

BOULERS (de). Ce sont des de Harnes. En 1181, le
connétable Michel II de Harnes (1161, 1192) était
seigneur de Boulers (1) ; il avait épousé, dès 1181,
une dame nommé Ada (2), qui était sa veuve en 1196 ;
son fils aîné Philippe prend encore alors le nom de
de Harnes (*ego Philippus de Harnes*). Ce dernier
meurt peu de temps après, et sa femme Alix (dès
1181) conserve, toute sa vie, le titre de dame de
Boulers (*domina de Bonlari*), dont se parèrent aussi
ses deux autres maris : Gilles de Trazegnies, sire de
Silly, en 1198, et Rasse de Gavre, en 1207 (3) ; ce
qui a fait croire aux généalogistes qu'elle était l'héritière de Boulers ; en 1215, du vivant de son troisième
époux, elle usait d'un sceau représentant une dame
debout, vêtue d'une robe à longues manches pendan-
tes et tenant un oiseau sur le poing sénestre ; autour
est cette légende : ✝ *S' Aelis de Bonleir et de Trazen-*
nis (fonds de Saint-Sépulchre) ; elle avait donc con-

(1) Le Mire et Foppens, I, p. 545. — De Smet, *Recueil des chro-*
niques de Fl., Bruxelles, 1841, in-4°, II, p. 779.

(2) Probablement fille et héritière de Nicolas de Boulers, mort
longtemps avant 1185, et d'Ada de Hainaut *dit* du Rœulx (cf. Gilbert de Mons).

(3) « *Ego Rasso junior de Gaure, dns de Bonler* » ; sceau équestre, bouclier à une bordure ou un trescheur, au lambel de nombreux
pendants ; légende :...... *de Bonlar* ; contre-sceau armorial au chef ?
avec un lambel (charte du fonds de St-Sépulchre de Cambrai). —
C'était le fils aîné du boutiller de Flandre, Rasse, sire de Gavre,
époux de Clarisse.

servé le sceau dont elle se servait du temps de son deuxième mari; en 1226 et 1237, veuve pour la troisième fois, elle avait un autre sceau, sur lequel elle est appelée dame de *Boleir* (cf. Douët d'Arcq, n⁰ˢ 1496 et 1497).

Le connétable Michel III (1212, 1229; fils aîné de Philippe de Harnes et d'Alix) délaissa le nom de Hárnes pour celui de Boulers, porta l'écusson en abîme (Douët d'Arcq, n⁰ 311) et épousa une dame nommée Chrétienne. Son frère germain, Philippe de Boulers, lui succéda dans la connétablie, mais pour ne point la garder longtemps, ainsi que nous l'avons déjà dit; sur son sceau armorial, à l'écusson en abîme, avec contre-sceau également armorial, pendu à sa charte du mois de novembre 1240, il y a cette légende : + *S' Philippi* : *domini* : *de* : *Bonlar* (fonds de Saint-Sépulchre). Sa mère Alix était morte depuis peu. Il apparaît en 1244 comme l'un des pairs, *bers* ou barons de Flandre, à cause de sa terre de Boulers, et en 1247 comme époux d'une dame nommée Humana. Sa maison ne tarda guère à tomber en quenouille, puisque, dès 1267, Alix, dame de Boulers (probablement fille de Philippe), avait porté cette terre à son mari Rasse de Gavre de Liedekercke, fils aîné et futur héritier du sire de Liedekercke.

D'après les anciens armoriaux, le sire de Boulers (de la famille de Harnes) porta : D'argent à l'écusson de gueules en abîme.

En 1407, il y avait encore en Flandre un petit gentilhomme, Gilles de *Bouleir*, « homme » de Neer-

Linter et Piétrebais; qui conservait l'écusson en abîme, brisé d'une bande brochant sur le tout (Demay sceau n° 3639).

BOURLON (de). En juillet 1272, « Wistasses de Borlon, » écuyer, du consentement de son seigneur, Jean Braket de Nave, vend à l'abbaye du Verger-lez-Oisy une dîme s'étendant à « Greincort, Borlon et Ailimont; » son sceau armorial montre un écusson en abîme brisé d'une bande, avec la légende : + s' *Evstachii: de Borlon*; sa femme Béatrix est nommée dans l'acte. (1)

BUILLEMONT (de). Vieille famille du pays, portant, d'après les armoriaux : De sable à un écusson d'argent en abîme, à la cotice engrêlée d'or brochant sur le tout.

Ainsi ont porté : Charles de Buillemont, écuyer, seigneur de La Motte en Aubegy, bailli d'Anchin, ancien capitaine, mort le 6 août 1603, et dont la tombe se trouve dans l'église de Pecquencourt ; et Jacques de Buillemont, abbé de Saint-Sauve (Demay, sceau n° 7419).

DERGNAU (de). En février 1230 (v. st.), *feria sexta post Reminiscere*, les chevaliers Gilles d'Aigremont (*Egidius de Acrimonte*) et Philippe de Dergnau (*de Derniacho*), réunis à Courtrai, prononcent un arbitrage entre l'abbé de Saint-Amand et le comte de Flandre, au sujet de la haute justice de Bouvines. A

(1) Bibl. nation., collection Moreau, vol. 196, f° 212.

Douai, en décembre 1237, le chevalier Philippe de Dergnau cautionne, comme les principaux seigneurs du comté, le comte de Flandre vis-à-vis du roi. A l'une et l'autre charte pendait le sceau équestre de ce chevalier, avec la légende : + S' *Philippi militis de Derniacho* ; sur le sceau, ainsi que sur le contre-sceau armorial, on voit un écusson en abîme à la bordure componnée (1).

DOUAI (de). A Cambrai, le 18 juin 1340, « Hugues de Douay, ch^{rs}, » donne quittance aux trésoriers des guerres du roi de 27 livres 2 sols tournois, « en prest fait sur les gages de nous et iiij escuiers de notre compagnie, desservis et à desservir en ceste presente guerre, ès parties de Cambrai et de Henaut, sous le gouvernement mons^r le duc de Normendie. » A Arras, le 9 juillet suivant, « Hue de Douay, ch^r, » reçoit 24 livres « en prest sur les gages de nous bac. (*bachelier*) et iiij escuiers de notre compagnie, deservis et à deservir en ceste presente guerre, » sous le commandement du duc de Normandie ; à cette quittance pend un sceau, où l'on voit un écu à l'écusson en abîme accompagné de sept losanges posées en orle, dans un quadrilobe gothique. Encore à Arras, le 4 octobre 1340, Hue de Douai, chl^{rs}, » reçut du « tresorier des guerres le roy notre sire » la somme de 4 livres, « en prest sur les gaiges de nous et des gens darmez ; » c'est alors un autre sceau, l'écusson

(1) Collection Moreau, vol. 144, f° 24. — Douët d'Arcq, sceau n° 2020.

en abîme accompagné de six losanges posées 3 en chef, 2 sur les côtés et 1 en pointe. (1)

HARNES (de). Cette famille seigneuriale a tiré son nom du fief de la mairie d'Harnes tenu, avec un castel, de l'abbé de Saint-Pierre de Gand. Le connétable Michel II (présumé fils du connétable Michel Ier) possédait en 1163 cette mairie, qui lui venait peut-être du côté maternel (2) : aussi est-il appelé, dans des chartes de 1167 et de 1184, *constabularius de Harnes*, par une confusion ou plutôt une sorte de contraction analogue à celle qui faisait nommer « châtelain de Beaumez » le châtelain de Bapaume et sire de Beaumez. Ce fief arriva en 1226 (3) entre les mains de Michel de Harnes, fils cadet du connétable Michel II, dont l'aîné, Philippe de Harnes, avait conservé la châtellenie de Cassel, la connétablie, la mairie d'Harnes et la terre de Boulers ; ce digne chevalier, qui sut acquérir une haute situation aussi bien à la cour de France qu'à celle de Flandre, brisa les armes de Harnes de Boulers d'un lambel de six pendants, emblème souvent adopté par les branches cadettes : c'est ce dont témoignent son sceau équestre

(1) Bibl. nation., fonds de Clairembault, titres scellés, vol. 41, p. 3087.

(2) Sous le comte Charles (1119-1127), un certain Druon (*Drogo*) était mayeur féodal d'Harnes (A. de Marquette, I, p. 42, note).

(3) Par la vente que le connétable Michel III de Harnes *dit* de Boulers fit à son oncle Michel de Harnes (A. de Marquette, p. 114, note).

et son contre-sceau armorial (1); Michel de Harnes mourut vers 1230 , regretté du roi saint Louis qu'il avait servi aussi fidèlement qu'auparavant le père et le « taion » de ce monarque , les rois Louis VIII et Philippe Auguste (*Recueil des historiens*, XXII, page 50). Il avait eu un fils , qu'un titre de l'an 1217 appelle *domicellus de **Harnes** Michael junior* (2) ; en 1229 , ce jeune chevalier usait , comme son père , d'un sceau équestre, d'après lequel, ainsi que d'après le contre-sceau armorial , il portait parti des armes paternelles et d'un fleurdelisé (Douet d'Arcq , n° 2376); mais il mourut peu de temps avant ou après son père (3), de sorte que la mairie d'Harnes échut à Philippa, fille de l'illustre seigneur Michel de Har-

(1) Douët d'Arcq, n° 2375. Le sceau du grand Michel de Harnes est reproduit deux fois par M. de Marquette, I, p. 121, planche VI : le n° 1, d'après l'exemplaire de 1225 de la chambre des comptes à Lille (A. de Marquette, p. 111, note 3 et p. 443); le n° 3, d'après celui de 1229 du trésor des chartes à Paris (id., p. 443; n° 2375 de Douët d'Arcq); seulement ce dernier est attribué par erreur au fils du grand Michel, dont le sceau est numéroté 2376 par M. Douët d'Arcq, le cavalier courant à gauche.

(2) Arch. nation., carton S 5208, pièce 4 ; ordre de Malte, commanderie de Haute-Avesne.

(3) Selon M. de Marquette , pp. 122 , 154 et 414, le fils ainé et l'héritier du grand Michel de Harnes , le ministre de trois rois de France, chevalier lui-même en 1229 , dont le sceau équestre atteste aussi la haute situation, aurait été, en 1225, 1226 , 1231 , 1234 , *échevin* de la petite ville de Bois-le-Duc ! Il se serait ainsi expatrié parce qu'il aurait été « le cadet de sa sœur » Philippa, dame d'Antoing ! et cependant il existe , en matière de succession féodale , des principes que ne devrait point méconnaître un « avocat amateur d'histoire et d'archéologie locales ».

nes. En 1239, au mois d'avril, cette dame, mariée à Hugues, sire d'Antoing, fit apposer son sceau à côté du sceau équestre de son époux : elle y est représentée debout, tenant à la main droite l'écu de Harnes (l'écusson en abîme brisé d'un lambel de cinq pendants brochant sur le tout); la légende porte : *S' Phelipe de Harnes dame d'Antoin* ; sur le contre-sceau armorial est un lion, armes de son mari (cf. Demay, n° 424).

On trouve dans les vieux armoriaux que le sire de Harnes porta : De gueules au lion d'argent à queue fourchée et qu'il criait : Bury ! comme les d'Antoing. En effet ce sont là les armes de la seconde maison de Harnes, à laquelle donna naissance Michel d'Antoing *dit* de Harnes, fils aîné de dame Philippe et dont la postérité masculine prit, avec le nom de Harnes, le titre de *sire* de Harnes, sans souci des droits de l'abbé de Saint-Pierre de Gand, le véritable seigneur, dont les audacieux rivaux n'étaient que les maires héréditaires.

Hondescote (de). Vers 1225, le chevalier Henri de Hondescote épousa Ida, prévôte de Douai, fille du prévôt Gérard III et d'Ida de Saint-Omer, et veuve, avec un fils et des filles, d'Alard, sire d'Antoing. D'après ses deux sceaux équestres de 1237 et de 1244 (Douët d'Arcq, n°s 5185 et 5186), il portait l'écusson en abîme : or on sait que le blason de la famille de Hondescote, après quelques variations, sauf le fond d'hermines qui ne changea point, fut : D'hermines à

la bande de gueules chargée de trois coquilles d'or ;
mais, malgré cette dissemblance d'armoiries, on ne
saurait affirmer que l'époux de la prévôte de Douai
ne fût point de la famille flamande de Hondescote. Il
n'avait pas adopté non plus les armes de nos prévôts,
puisque le prévôt Gérard III avait porté un lion.

La lignée mâle de Henri de Hondescote s'éteignit
dans la personne de son fils Willaume de Hondescote
dit le Bleu Chevalier, qui, en 1251 et 1260, était
seigneur d'Escarpel-lez-Douai, du chef de sa mère la
prévôte Ida.

La Boure (de). En 1332, « Cordouan, sires de La
Bourre, chlʳˢ », caution de la dame de Cassel, a un
petit sceau armorial, à l'écusson en abîme, avec la
légende : + *Cordwan .. .. Bovre cheval.* (chambre
des comptes à Lille, carton 690). Le 20 décembre
1369, la dame de Cassel remit à « Jehan, sire del
Borre », le corps de Guillebert, son fils, enseveli hors
de lieu saint, en la cour du château de Nieppe; ce
seigneur flamand portait aussi l'écusson en abîme
(Demay, nᵒ 603).

D'après les vieux armoriaux, le sire de La Boure,
au comté de Flandre, portait : D'argent à l'écu de
gueules; ce sont les armes de Boulers.

La Haye (de). Cette antique famille lilloise porta,
d'après les armoriaux: D'azur à l'écusson d'argent
accompagné en chef de trois étoiles de six rais d'or;
elle pouvait, à plus d'un titre, se dire de la race de
Wavrin.

Le chevalier Jean de La Haye, en mars 1245 (v. st.), est au nombre des seigneurs du comté de Flandre qui cautionnent la comtesse envers le roi ; sur son sceau armorial, l'écusson en abîme est accompagné d'étoiles (cf. Douët d'Arcq, n° 2345). C'est lui sans doute qui, dans une charte du mois de mai 1252, est qualifié : *dominus Johannes de Haya, pater, miles* (fonds de l'abbaye de Loos).

En 1258, le chevalier Jean de La Haye brisait l'écusson en abîme de deux étoiles posées en chef (cf. Demay, n° 1044).

En 1288 et 1296, le chevalier Jean de La Haye, échevin des Timaux, portait un chef chargé de deux écus, chacun à l'écusson en abîme (cf. Demay, n°s 1045, 1046 et 2766).

En 1315, le chevalier Pierre de La Haye avait l'écusson en abîme (id., n° 1047).

En 1324, le chevalier Pierre de La Haye, *roi* des Timaux de la Salle de Lille, brisait l'écusson en abîme de deux étoiles posées en chef (cf. Demay, n° 2762).

En 1343, Jean de La Haye, écuyer, *roi* des Timaux, portait comme le précédent (id., n°s 2763 et 3165).

En 1381, Jean de La Haye, écuyer, lieutenant à Douai du gouverneur de Lille, portait comme ses ancêtres ; pour cimier, une tête de cheval bridé (1) et pour supports, deux lions (id., n° 5086).

(1) Cf. sceau de *Pierre* de Wavrin en 1446 (voir filiations inconnues du nom de Wavrin).

Ligny (de). Autre famille lilloise qui porta : D'azur à l'écusson d'argent en abîme, au sautoir de gueules brochant sur le tout ; la terre de Ligny mouvait de Wavrin : voilà certes des preuves irrécusables d'une communauté d'origine.

Dominus Gossuinus de Ligni, miles, homo meus: ainsi s'exprime le sénéchal Robert II dans sa charte du 31 octobre 1259, où il nomme Robert, le fils aîné de ce seigneur de Ligny, ajoutant encore ceci : *terra sua de Ligni, quam tenet de me in feodum* (fonds de l'abbaye de Loos).

En 1285, « le premier dioes davril, » Robert, chevalier, sire de *Ligni*, et Marie, sa femme, devant « les eskievins des Timaus et des frans alues, » vendirent une terre située « viers le Fraisnoie, en le parroche de Biaucamp, (1) tenant à le terre me dame labbesse d'Estruem ; » laquelle terre, ajoute-t-il, « on tenoit à soiestet de mi, et le tient et tenra » l'acheteur « en frans alues, de mon signeur le conte de Flandres ; » sur le sceau du sire de Ligny, pendu à cet acte, on voit l'écusson en abîme brisé d'un sautoir brochant (Demay, n° 1231).

Maisnil (du). Nous avons déjà parlé de cette famille, à propos de la femme du chevalier Behort de Saint-Venant, vivant en 1372.

Dans un acte du mois de juillet 1264, il est question de « me sire Aleaumes, chlrs, ki jadis fu sires del Maisnil », lequel avait promis à « me dame Ysabel,

---

(1) Wavrin, Ligny et Beaucamp se touchent.

se feme, ancois kil leust prise à feme », un douaire
« sour le fief kil tenoit del castelain de Gant »; ainsi
que de l'héritier du chevalier trépassé, « me sires
Hues, ses fils, sires del Maisnil, chl^r », lequel promet
de payer « en le vile de Lens· » le douaire de sa belle-
mère (fonds de l'abbaye d'Anchin). Il s'agit évidemment là de la terre du Maisnil-lez-Ruit, relevant
d'Houdain dont le châtelain de Gand était alors
seigneur.

PRÉS (des). En 1298, Mikiel des *Preis*, feudataire
de Cassel, portait l'écusson en abîme, au franc canton.
fretté sur le tout (Demay, n° 2362). En 1380, Tasart
Malet *dit* des Prés, juge rentier à Fromelles pour
l'Abbiette de Lille, avait aussi l'écusson en abîme ,
mais brisé d'un lambel sur le tout (id., n° 3069).

Seraient-ce des prédécesseurs des Mallet de Coupigny
et de Berlettes, que leur situation à la chambre des
comptes de Lille mit en relief au siècle suivant ? On
sait qu'ils portèrent : D'azur à l'écusson d'or à une
molette, *alias* une étoile, d'argent au canton dextre,
alias sénestre.

VERLENGHEHEM (de). En 1237, le chevalier Jean de
Verlenghehem (*Vellengueham*, sur sa charte en latin),
caution du comte envers le roi, portait, d'après son
sceau et son contre-sceau armoriaux, l'écusson en
abîme brisé d'un lambel de sept pendants (Douët
d'Arcq, n° 3835).

En mai 1244, le chevalier Jean de Verlenghehem
vendit à l'abbaye de Loos son cours d'eau d'Esquermes (*aqua mea de Skelmis*), assignant en garantie

devant bailli de Lille et hommes du comte, ses pairs, son moulin de Canteleu; cette vente, il la fit, du consentement de sa femme et déclara qu'il avait acquis mieux qu'il n'avait vendu : *comparui michi possessionem melius valentem, jacentem apud villam que dicitur Heldekem in Bolonyo* (titres du fonds de Loos). Ce chevalier cautionna, en mars 1245 (v. st), la comtesse de Flandre envers le roi. Il usait d'un sceau équestre et d'un contre-sceau armorial, l'écusson en abîme brisé d'un lambel de cinq pendants (cf. Douët d'Arcq, n° 3853).

Verlinghem est un village voisin de Lille.

Wastine (de La). En 1304 , le chevalier flamand Robert de Le Wastine scelle un acte relatif à la guerre contre la France, de concert avec des gens du territoire de Bergues; son sceau armorial est à l'écusson en abîme brisé d'un lambel de cinq pendants (Douët d'Arcq, n° 3955). Il nous semble appartenir à la race de Harnes de Boulers, attendu qu'en 1228 le connétable Michel III de Boulers et l'oncle paternel de celui-ci, le grand Michel de Harnes, possédaient des domaines à La Wastine, paroisse d'Estaires en Flandre (A. de Marquette, I, pages 112 et 120).

Wendin (de). Nous avons dit que Michel, sire de Wendin , chevalier , l'un des prétendants à la terre de Wingles délaissée par le connétable Maelin II, portait, en 1299, l'écusson en abîme sans brisure.

L'armorial du XVe siècle souvent cité affirme que

le « sʳ du Pont à Wendin » porta : D'or à l'écusson
de gueules en abîme, c'est-à-dire comme les de Harnes de Boulers; et en effet, la terre de Pont-à-Vendin
suivit, de temps immémorial, le sort de la mairie
féodale d'Harnes. Toutefois l'auteur de l'armorial se
trompe en rangeant le seigneur de Pont-à-Vendin
parmi les artésiens, attendu que cette terre dépendait
de la Flandre et de la châtellenie de Lille; quant
au « sʳ de Harnes », le seigneur effectif de Pont-à-
Vendin, il le place au nombre des gentilshommes
de Hainaut, parcequ'en effet ces d'Antoing *dit* de
Harnes résidaient ordinairement, non dans leur
château d'Harnes, mais dans le comté de Hainaut (1).
D'où nous conclurions volontiers qu'on devrait lire,
dans l'armorial, « sʳ de Wendin en Artois », à cause
du village qu'on nomme maintenant Vendin-le-
Vieil, antique pairie du château de Lens. Alors le
chevalier Michel de Wendin, vivant en 1299, serait
un de Harnes de Boulers.

En 1367, vivait dᵉˡˡᵉ Marie, héritière de Wendin
(dom Caffiaux, *Trésor généalogique*, Paris, 1777,
in-4, page 733). En 1380, Jehan Cosset (bourgeois
d'Arras) tenait la pairie de Wendin, qu'il vendit vers
1389 (comptes du domaine de Lens).

(1) A. de Marquette, I, p. 211, sous l'année 1324.

ADDITIONS ET CORRECTIONS

P. 27, ligne 6. Aux enfants d'*Hellin* de Wavrin, sire de Haponlieu, et d'Isabeau *de Béthune*, peut-être doit-on ajouter, d'après de vieux épitaphiers : « *Jehan* de Haponliu, fius monseigneur *Hellin* de Wavrin ki fu » ; mort jeune, après son père, et inhumé en l'abbaye d'Hénin-Liétard.

P. 27, ligne 14, ajoutez : *Sibille* de Wavrin, dame de Haponlieu, fut enterrée en l'abbaye d'Hénin-Liétard.

P. 30, après la ligne 8, ajoutez : Le remariage de Marie, dame *de Malannoy*, douairière de Wavrin, avec le chevalier Simon *de Cinqourmes*, se réalisa, attendu que le contrat du 7 juin 1302 fut confirmé en janvier suivant, à Arras, par les comtes Otton et Mahaut, et par la même comtesse Mahaut, alors veuve, le 15 août 1304, à Arras. Simon *de Cinqourmes*, en 1293 et 1298, chevalier et maître de l'écurie du comte Robert II, était, en 1303, maître de l'hôtel de la comtesse Mahaut (Godefroy, II, pages 134, 311, 470, 496, 527, etc.).

P. 43, dernière ligne, ajoutez : *Alixandre* de Wavrin, écuyer, s'obligea pour « dame Jehenne de Waurin, dame de Maldeghem » (Goethals, p. 53), ainsi que celle-ci le reconnut devant échevins de Lille, le 8 août 1485, déclarant aussi que cette obligation était destinée au paiement de l'achat par elle fait de la maison où « deffuncte madame du Forrestel estoit demourant au jour de son trespas ». La dame du Forestel, c'est Marguerite *Hangouart*, veuve de *Jean*, bâtard de Wavrin (voir X A). Au dos du titre, est une mention du 9 janvier 1507 (v. st.), écrite et signée par « *Alixandre* de Waurin b » [atard], déclarant qu'il a été déchargé de l'obligation par « reuerendt pere monss^r Guill^e, anchien abbé d'Anchin » (titre de l'abbaye d'Anchin).

P. 46, ligne 18, ajoutez : En 1507, le magistrat de Béthune envoyait à Lillers prévenir le bâtard de Wavrin « que l'on avoit eu nouvelle que Franchois se assembloient » (*Archives historiques et littéraires*, Valenciennes, 1852, in-8°, 3e série, III, page 364).

P. 85, après la ligne 2, ajoutez : Aux archives de Douai (registre aux testaments, 1412-1428, f° 7), on trouve la copie du testament de « monsieur Briffault de Sorel » , le second époux de *Marie* de Waziers, dame de Waziers et d'Hennin-Liétard. Dans cet acte, passé à Saint-Quentin le dimanche 23 septembre 1415, le testateur « Hue Malvoisin *dit* Briffault *de Soriel*, chevalier », cite sa défunte femme, « Esau, men fil bastart », auquel il laisse cent livres tournois de rente « que j'ay aquesté à mons^r de Longval »; « me seur Elizabeth »; « Elizabeth, me niepche », qui aura « iiij^{xx} xvj escus que me doit de pur et loyal prest messire Jaques de Happlaincourt » ; Grardin de Sorel; et comme exécuteurs testamentaires : « mon tres cher et amé oncle mons^r de Chin,

mons' de Bousies, mons' Artus de Moy, chevaliers ».
Il parle de son « hostel de Douay » et fait des libéra-
lités aux églises de Saint-Quentin en Vermandois, de
Saint-Pierre de Douai et d'Hénin-Liétard.

P. 92, ligne 11, au lieu de : *des* Landas; lisez : *les*
Landas.

P. 93, ligne 6 , au lieu de : *appartenant*; lisez :
appartenait.

P. 103, lignes 7 et 8 , au lieu de : *Esquesmes* ;
lisez : Esquermes.

P. 124, après la ligne 11, ajoutez : En 1363, un
individu de « Villers ou Bos », aujourd'hui Villers-
Campeau, plaidait à Bouchain contre « Colart dou
Sauchoy » (compte du châtelain de Bouchain, du 18
mai au 30 novembre, f° 4).

TABLE ONOMASTIQUE

DES FAMILLES ET DES FIEFS.

———<del></del>———

TABLE DES MATIÈRES.

Extrait des *Souvenirs de la Flandre wallonne,*
année 1876.

Il a été ajouté notamment une table onomastique
des familles et des fiefs.

———————

Tiré à 62 exemplaires numérotés.

N° 52.

DOUAI. — IMPRIMERIE L. GRÉPIN, 23, RUE DE LA MADELEINE.

www.ingramcontent.com/pod-product-compliance
Lightning Source LLC
Chambersburg PA
CBHW072237270326
41930CB00010B/2171